細菌が人をつくる

ロブ・ナイト＋ブレンダン・ビューラー

山田拓司＋東京工業大学山田研究室 訳

Follow Your Gut

The Enormous Impact
of Tiny Microbes

Rob Knight + Brendan Buhler

TED Books

本文中の引用文については可能なかぎり既存の和訳を参照し、
一部は内容に沿うよう改訳しています。── 訳者

訳注は[★]で示しています。

両親のアリソンとジョンに
2人の遺伝子と考え方、そして細菌に感謝して

目次

イントロダクション

私たち人類は二足歩行をする、崇高な理性と無限の能力を持つ万物の相続者ですが、シングルユーザーライセンスの同意書には無意識に「同意する」にチェックをしてしまいます。一人の人間はひとつの個体ではありません。すなわち、目や耳、そして腸という大邸宅を住み処とする何兆匹もの小さな生き物たちとともに私たち人間は形作られています。私たちの体の中のミクロの世界は、病気、健康、そして私たち自身の定義を、根本から変えてしまう可能性を秘めています。

この数年間に成し遂げられた新技術の発展に伴い、科学者たちはヒトの体内に住んでいる微生物について、これまでよりもずっと多くの知識を手に入れられるようになりました。明らかになりつつある新事実は驚愕に値するものです。すなわち、この、ヒト常在細菌と呼ばれる単細胞生物は、これまで考えられていたよりずっとたくさん存在し、体の隅々にまで生息しており、しかも、想像以上に重要な役割を果たしていて、私たち人間のあらゆる健康問題やパーソナリティの形成にさえ関与しているというのです。

私たちの体の内外に住み着くこれらの小さな生き物たちを、まとめてヒト常在細菌叢（ヒューマンマイクロバイオータ）と呼び、彼らが持つ遺伝子の総体をマイクロバイオームと呼びます。多くの科学的大発見と同様に、この小さな世界に関する新たな事実は、私たちが持つ自己の認識と現実との乖離を浮き彫りにしつつあります。天文学は地球が宇宙の中心ではないことを明らかにし、進化論はヒトが無数の生物の中の一種にすぎないことを知らしめました。常在細菌叢の詳しい研究により、私たちは私たちではない細菌たちの大合唱にかき消されてしまう程度の存在であることがはっきり示されました。ヒト常在細菌は自らの課題と目標を持った、独立した（そして相互に依存した）生命体なのです。

ヒト一人の中にどれくらいの細菌がいるのでしょうか？　あなたはおおよそ10兆個の細胞でできています。それに対して、あなたの体の内外に存在する細菌の細胞は100兆個。[1]つまり、あなたはほとんどあなたではない、ということです。

しかし私たちは、今まで考えられてきたように、病気をもたらす悪い微生物を住まわせる不幸な宿主、というわけではありません。宿主であるヒトは、細菌のコミュニティ全体といつもバランスを取りながら生きています。微生物たちは、私たちの体でただ暮らしているわけではありません。消化や免疫や、そして行動全般まで、ヒトが生きていくうえで欠かせない基本的なプロセスのほとんどで、重要な役割を担っています。

ヒト常在細菌叢は実際、ひとつのかたまりではなく、複数のコミュニティの集まりです。異なる種類の細菌が体のさまざまな箇所で群集構造を形成し

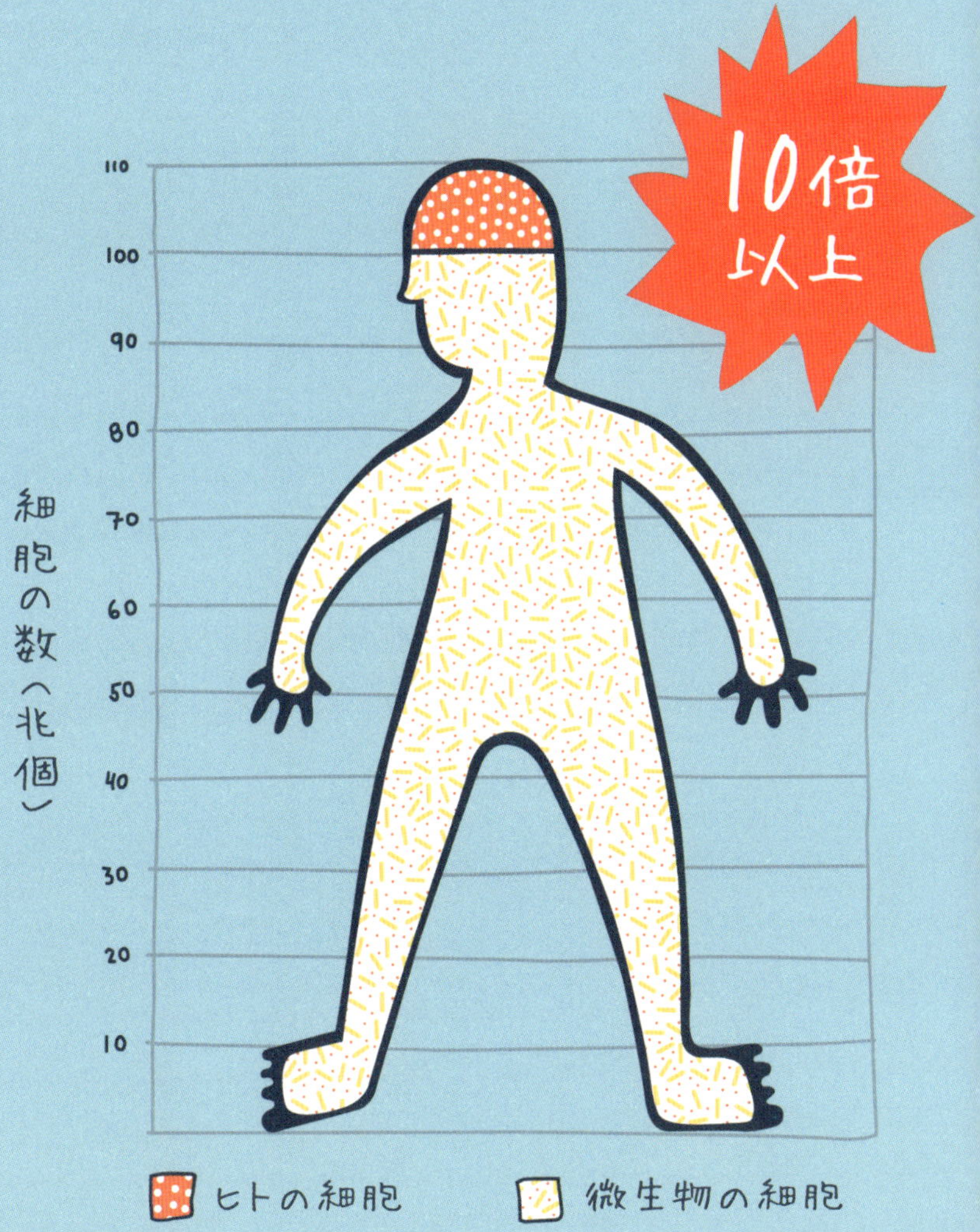

10倍以上
細胞の数（兆個）
110
100
90
80
70
60
50
40
30
20
10
ヒトの細胞
微生物の細胞

ていて、各部位でそれぞれ専門的な役割を演じています。口の中にいる細菌は、皮膚やお腹の中のものとはまったく異なります。一人ひとりの人間はひとつの個体というより、むしろひとつの生態系です。

細菌群集の多様性は、これまで運の良し悪しの問題としか思われていなかったある種の体質さえ説明してくれます。たとえば、なぜ蚊に刺されやすい人とそうでない人がいるのでしょうか。私は奴らにあまり刺されませんが、妻のアマンダは大群を引き寄せてしまいます。実際、蚊にとって特別美味しそうに感じられる人が本当にいることがわかっています。私たちの「美味しさ」がそれぞれ異なる理由、それは、皮膚の細菌群集を構成する細菌組成（どのような細菌がどの程度存在しているのか）が人ごとに違うから、というのが大きな要因です（これについては第1章で詳述します）。

話はさらに続きます。ヒトの個体間において、細菌群集はすさまじく多様です。聞いたことがあると思いますが、あなたのヒトとしてのDNAは99・99％

他人と同じです。ところが、あなたの腸内細菌は違います。あなたの隣人とわずか10％しか共通しないかもしれません。

この違いは、私たちヒトの多様性に大きく寄与しています。体重やアレルギー、病気のかかりやすさや心配性かどうかなどまで、実に幅広いものです。この広大な微生物の世界を観察できるようになったのはつい最近のことで、その理解は完全とは言えないものの、驚くべき意味を持つ発見がすでに数多くなされています。

この常在細菌の世界が信じられないくらい多様だと判明したのは、さらに衝撃的でした。40年ほど前には、この世に単細胞生物が何匹いるのか、全部で何種類存在するのか、まったくわからなかったからです。それまでの生物の分類についての基本的な考え方は、チャールズ・ダーウィンが1859年に発表した『種の起源』に拠っていました。[2] ダーウィンは、身体的な特徴――長いくちばしのフィンチ、短いくちばしのフィンチ、といった――によってあらゆる生物を分類し、進化系統樹を描きました。このような体系がその後、種の分類の基本となったのです。

この伝統的な生命の分類法は、肉眼で、あるいは顕微鏡を用いて、人間が観察できる特徴に基づいていました。大きな生物は植物、動物、真菌（カビなど）に分類され、残りの単細胞生物は2つの基本カテゴリー、すなわち原生生物と細菌にまとめられました。この分類は、植物、動物、真菌については正しいものでしたが、単細胞生物についてはまったく間違っていました。

1977年、アメリカの微生物学者カール・ウーズとジョージ・E・フォックスは、リボソームRNA（あらゆる細胞に存在し、タンパク質を作る際に使われる、DNAの類縁体）を使って、細胞レベルの比較に基づく生物系統樹を作成しました。結果は驚異的でした。[3] 動物と植物を全部合わせたよりも、単細胞生物のほうが多様性に富んでいたのです。つまり、動物（ヒト、クラゲ、フンコロガシなど）、植物（コンブ類、コケ、アメリカスギなど）、真菌（地衣類やキノコなど）といった人間が肉眼で見ることのできる生物のすべては、系統樹の上では末端に突き出た3本の小さな枝にすぎず、真正細菌、（ウーズとフォックスの発見した）古細菌、酵母といった単細胞生物のほうが、系統樹の大部分を占めていることが明らかになったのです。

DNAシークエンシングといった遺伝子配列解析技術の向上など、新たな技術革新にくわえ、コンピュータの処理能力が爆発的に高まったことが契機となり、このほんの数年のあいだに、細菌に対する理解は飛躍的に進歩しました。現在では、次世代シークエンシングと呼ばれる解析プロセスによって、体のいろいろな部位から採取した細菌細胞から得たDNAを素早く分析することにより、私たちの体を住み処とする数千種の細菌を特定できるようになりました。ヒトに常在する真正細菌、古細菌、酵母やその他の単細胞（真核生物が持っているゲノム情報（生物のあり方を決める遺伝子レシピのようなもの）の総量は、ヒト単体のそれよりもはるかに多いこともわかってきたのです。

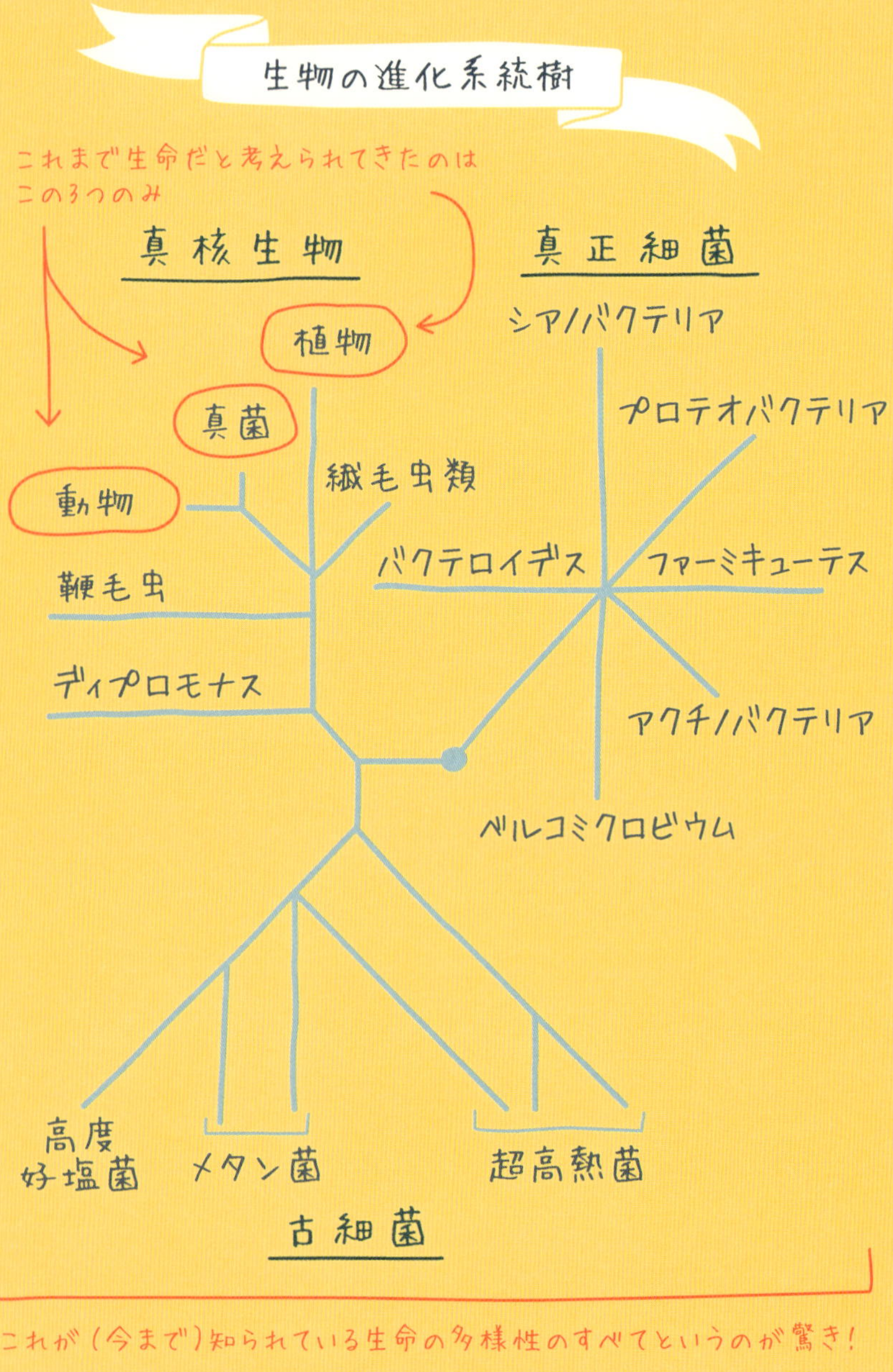
生物の進化系統樹
これまで生命だと考えられてきたのは
この3つのみ
真核生物
植物
真菌
動物
繊毛虫類
鞭毛虫
ディプロモナス
真正細菌
シアノバクテリア
プロテオバクテリア
バクテロイデス
ファーミキューテス
アクチノバクテリア
ベルコミクロビウム
高度
好塩菌
メタン菌
超高熱菌
古細菌
これが（今まで）知られている生命の多様性のすべてというのが驚き！

新しく開発されたコンピュータ・アルゴリズムが、このような遺伝情報の解釈をぐっと容易にしています。具体的に言うと、体のいろいろな部位の細菌群集構造を比較して細菌地図を作ったり、複数のヒトのあいだで細菌群集構造をそれぞれ比較したりすることも可能になりました。こうした知見の多くは、ヒューマンマイクロバイオーム・プロジェクト（Human Microbiome Project：HMP）によってもたらされたものです。約170億円もの研究費がアメリカ国立衛生研究所（NIH）からHMPに拠出されており、200名以上の研究者の雇用と、少なくとも4・5テラバイトのデータ（DNA配列で450兆の文字列に相当）の解析を支えています。ただし、これは出発点にすぎません。ヨーロッパのプロジェクトMetaHITをはじめ、他にもさまざまな国際的な取り組みが常に多くのデータを産出し、その解析を進めています。

こうした常在細菌の解析コストは劇的に下がってきていて、今後は自分の多種多様な常在細菌の構造をもっと多くの個人が知るようになることでしょう。およそ10年前、1人分の常在細菌をチェックしようと思ったら、100億円は必要でした。現在では、同じ情報を1万円ほどで得られます。非常に安くなったので、そのうちすぐに、あなたのかかりつけの医者が診察方法の定番として用いるようになるかもしれません。

どうして医者は患者の常在細菌を知ろうとするのでしょうか。それは、私たちの常在細菌と、肥満、関節炎、自閉症など多数の病気との知られざる関係が最近の研究から示唆されてきているからです。今ようやく、ヒトの疾患と常在細菌とのあいだにある見えない関係性に光が当たり始めていて、将来の新たな治療方法に一筋の光明が差してきています。ありとあらゆることが、常在細菌の影響を受けていると言っていいでしょう——医療や食事、あなたが長男・長女かどうか、性的パートナーが何人いるか。このあとに続くページを読めば、私たちの命のほとんどすべての局面で常在細菌が密接に関わっているることがわかるでしょう。人間であるとはどういうことか、常在細菌はその定義を新たに更新しつつあるのです。

第1章

細菌としての肉体

顕微鏡でようやく見える小さな細菌がヒトの体内にどのくらい住み着いているか、ご存じでしょうか。

重さでいえば、平均的な大人には約1・4キログラムほどの細菌が住んでいます。脳とだいたい同じ、肝臓よりは少し軽いくらいの重さで、細菌群集(マイクロバイオーム)はヒトの体内でもっとも大きな臓器のひとつだと言えます。

細胞の数については、ヒトの体内に存在する微生物細胞の数がヒトの細胞の数より10倍も多いことをすでに見てきました。DNAを基準にするとどうなるでしょう。その場合、私たち一人ひとりは約2万個のヒト遺伝子を持っていますが、その一方で200～2000万の細菌遺伝子も保持しています。遺伝子的に言えば、私たちは少なくとも99％は細菌です。

あなたが人間としての尊厳を保ちたいのであれば、これは複雑性の問題だと考えてください。すべてのヒト細胞にはそれぞれ、ひとつの細菌細胞に含まれるよりも多くの遺伝子が含まれています。同時に、あなたは非常に多く細菌を持っており、彼らが持っているさまざまな遺伝子をすべて足していくと、ヒトに含まれる遺伝子の数よりも多くなるというわけです。

私たちの体の内部または表面に住んでいる生物は多量かつ多様です。そのすべてではないものの、ほとんどは単細胞生物です。細菌は生物系統樹のうちの3つの主要な枝から来ています。あなたの腸内には、単細胞で核を持たない古細菌の一種がいるかもしれません。その代表格はメタン生成菌であり、酸素なしで生きていて、私たちが食べたものの消化を助け、メタンガスを排出します（牛の体内にもいます）。また、腸内には真核生物もいます。たとえば、水虫のカビや、膣《ちつ》内、たまに腸内にも巣食う酵母もその一種です。そして、もっとも多勢なのは大腸菌のような細菌です。細菌というのは洗っていないほうれん草から見つかりそうで、病気の原因になるものだと考えられがちですが、実際は無害でヒトの消化器内で役立っているものも存在します。

こうした生き物の世界がこれまで知られていたよりもはるかに多様であることが新たなテクノロジーのおかげで日々発見されています。これまではまるで非常に目の粗い網で漁に出て、獲れたクジラと巨大イカだけを見て、海洋生物はその2つしかいないと結論づけているようなものでした。そこにははるかに多くの生物が存在することを私たちは知っています。たとえばあなたは、自分の腸の中に住むどれか2種類の細菌は、先ほど食べたサンドイッチを餌にしていて、それらはアンチョビとイワシくらいの違いかなと思ってい

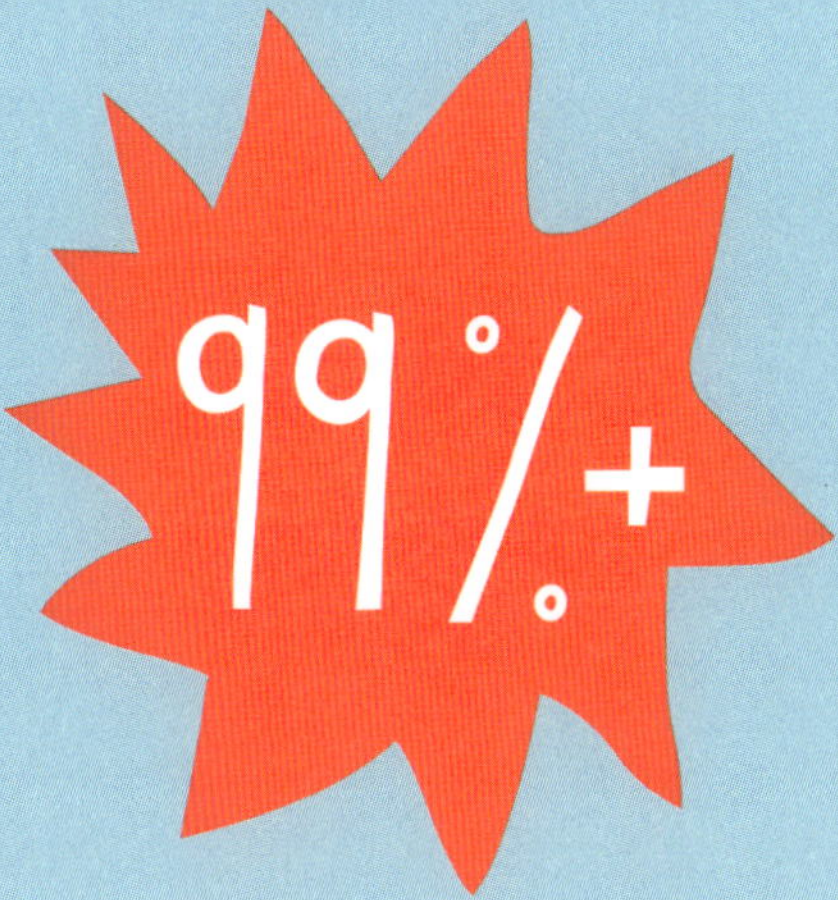

ヒトの体内にある
遺伝子の99%以上は
細菌に由来している

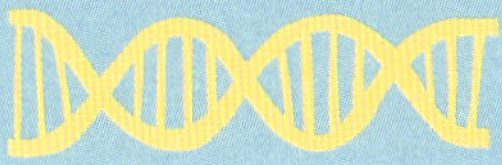

るかもしれません。しかし実際には、その2つはナマコとサメくらいの違いがあり、行動も栄養源も生態学的役割も根本的に異なる別々の生き物です。

では、私たちの細菌はどこにいて、何をしているのでしょう。私たちの体を探る旅に出ましょう。

肌

ナポレオン1世は遠征から帰還する際、皇后ジョセフィーヌに「明日には帰るから、風呂には入らないでくれ」という内容の手紙を送ったと言われています。彼は愛する人の匂いを好んでいました。しかしながら、石鹸、制汗剤、パウダー、香水を取り除いたとき、なぜ私たちの身体は悪臭を帯びるのでしょう。それは主に、私たちの分泌物を食べ、匂いのする別の物質へと変える細菌が原因です。

科学者たちは、最大の器官である皮膚《ひふ》に住む細菌がどんな生産的な役割を果たしているのかを探索し続けています。ひとつ確かなのは、細菌は私たちの体臭を作り出しているということです。蚊を寄せつけるような匂いもそれに含まれます。[1] 先に述べたように、蚊はある個体の匂いを他の個体のものより好みますが、これにも細菌が関係しています。この細菌は私たちの肌が作り出す化学物質を代謝し、蚊の好む、あるいは嫌う揮発性の有機性化合物へと変化させます。蚊の種類が異なれば、好む身体の部位も異なります。マラリアを媒介する蚊の代表ハマダラカは脇の下よりも手足から出る匂いを好みます。このことが指し示すのは、手足に抗生物質をこすりつけると、皮膚の細菌を殺すことで彼らが生み出す匂いを消し去り、結果的に蚊の攻撃を防げるかもしれないということです。

私たちの身体に住む細菌がそうであるように、私たちの肌に住む細菌すべてが利益をもたらしてくれるわけではありませんが、良い住人たちは実際に大いに助けてくれます。ただ単に皮膚上に住むだけで、もっと厄介な他の細菌が感染しにくくなるのです。異なる部位の皮膚には異なる細菌がいて、その多様性（細菌の種類数）は、その部位にいる細菌の数とは必ずしも相関していません。むしろ、しばしばそれは逆の関係になります。アメリカでたとえると、バーモント州（人口60万人）とロサンゼルス郡（人口1000万人）が民族多様性のうえでは同程度であるようなものです。脇と額には多くの細菌がいますが、その種類は比較的少数です。反対に、手のひらや腕にはそれほどたくさんの細菌はいませんが、実にたくさんの種類が住んでいます。[2] 女性の手の細菌群集は男性のものよりも多様性が高いことが知られています。原因はまだわかっていませんが、手を洗っても差異は変わらないことから、生物学的な相違に起因するのではないかと考えられています。[3]

また、左手に生息する細菌は右手の細菌と異なっていることを私たちは発

あなたの体は細菌の園

スタフィロコッカス
レンサ球菌
ファーミキューテス、
バクテロイデス、
プリボテラ
ピロリ菌
ラクトバチルス
シュードモナス

見しました。手を握ったり、指を鳴らしたり、手を合わせることで異なる細菌群集へと変化していきます。コロラド大学ボルダー校で生態学と進化生物学を教えるノア・フィエラー博士と私はこの現象に興味を抱き、もっとも有名な発見のひとつを大規模生物学で再現することにしました。イギリスの生物学者・人類学者、アルフレッド・ラッセル・ウォレスらは、島間の生物多様性、そして、それぞれの島の位置関係と生物多様性がどのように関係するかを説明する精緻な理論を開発しました。[4] ダーウィンと同時期に生き、ともに自然選択を発見したウォレスは、現代のインドネシアとマレーシアのあいだに、アジアの動物相（猿、サイ）とオーストラリアの動物相（コカトモ、カンガルー）を分ける境界線を発見しました。フィエラーと私は、コンピューターのキーボード上の「G」と「H」のあいだにこの「ウォレスライン」を見つけられるのではないかと考えました。左手と右手の使い分けによってキーボードのそれぞれ半分に細菌群集構造の違いが現れると予想したのです。ま

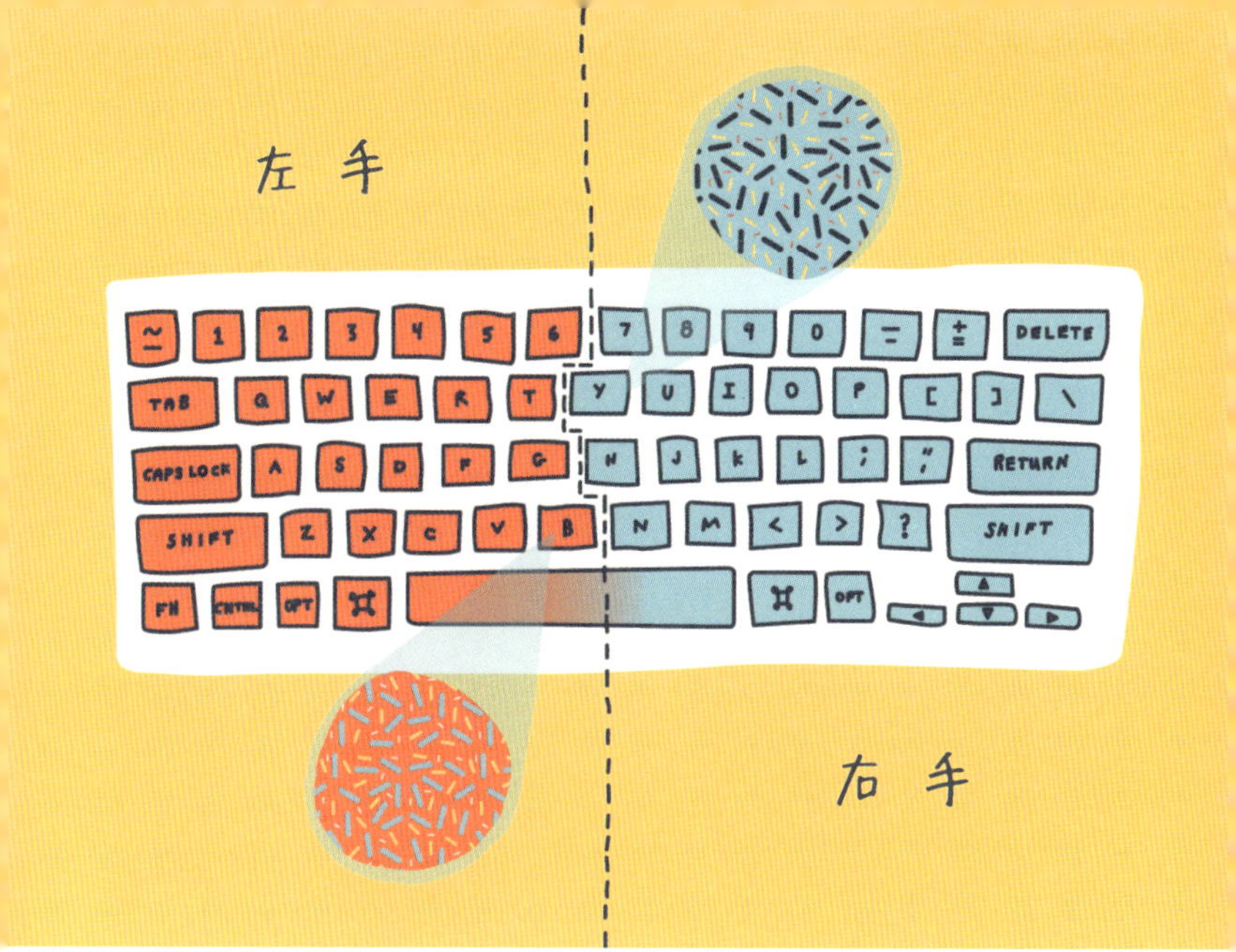

た、スペースバーは他のキーよりも大きいために、より多様な細菌群集があるのではないかとも思いました。

私たちの結果はそこにもウォレスラインのようなものがあることを示しましたが、はるかに注目すべきものを見つけて驚きました。各指先とそれに対応するキーは基本的に同じ細菌群集を持っていたのです。さらに、90％以上の正確さでコンピュータマウスから持ち主の手のひらを的中させることができました。[5] あなたの手にいる細菌は他の人とはまったく異なります。種の多様性から見ると平均して少なくとも85%は別の細菌です。つまり、あなたは「細菌の指紋」を持っているのです。

こうした細菌の痕跡が残るには何回物体に触る必要があるのかを実験で検証しながら、私たちはさらなる研究を進めてきました。科学は法廷で実証するにはまだまだ準備が必要です。しかし、テレビの犯罪ドラマはエビデンスの基準がわずかに緩いため、私たちがこのテーマについて最初の論文を発表した直後に『CSI：マイアミ』は「細菌の法医学」を前提としたエピソードを放映しました。[6]

一方で法医学者・微生物学者のデイビッド・カーターは最近、ネブラスカ州からハワイ州に移り、そこでボディファームを設立しました。ボディファームとは何でしょうか？　法医学者は、遺体が死後どれだけ時間が経ったのかを把握しなければなりません。法医学施設の中では、提供された遺体はいろいろと異なる死の状況に置かれ、[7] どのように腐敗していくのか、その過程を随時検証するために利用されています。この腐敗には細菌の連続した動きが関わっています。ちょうどただの岩に苔が生え始め、次第に草、低木、そして最後には木に侵食されるのと同様に、細菌の腐敗による経時変化にも予測可能なパターンがあります。

コロラド大学ボルダー校の私の研究室でポスドクをしているジェシカ・メトカーフは、マウスの死体40体を使って、ボディファームのミニチュア版を作りました（心臓病とがんの治療法を発見する目的で行なわれた他の実験の副産物です）。彼女はマウスが過去3日のうちでいつ死んだのか予測でき、それは昆虫を用いた現在の手法と同じくらい正確な死亡推定時刻測定法でした。[8] 測定に細菌を使うのはどうしてでしょうか。昆虫は死体を見つけなければなりません。一方で細菌はその死体にいるので、昆虫が介在できないような状況でも死亡推定時刻の推定に役立つ可能生が高いのです。

鼻と肺

私たちのツアーに沿って、次は鼻を見てみましょう。人間の鼻孔《びこう》は独特の細菌を抱えています。その中には病院の院内感染によって皮膚の感染症を引き起こす黄色ブドウ球菌を含みますが、健康な人々であっても、しばしば危険な細菌と見なされるものが存在します。鼻の中の他の細菌が、黄色ブドウ球菌が足場（というか鼻場）を作って増殖することを防いでいると考えられます。

興味深い発見はもうひとつあります。私たちを取り巻く環境がそれぞれの鼻に集まる細菌の種類に大きく影響しているということです。農場やその近辺に暮らす子どもたちのように、幼少期に鼻の中に多様な種類の細菌を取り込んだ場合、喘息《ぜんそく》やアレルギーを将来発症する可能性が低くなることがわかっています。[9] 汚れの中で遊ぶのは良いことだ、というわけです。

肺の中には、たいていは細菌の死骸しか見いだせません。[10] 空気にさらされる肺の表面には、抗菌性ペプチドのカクテルが含まれています。細菌がそこに着地するとすぐに殺す小さなタンパク質です。しかし、嚢胞性線維症《のうほうせいせんいしょう》やヒト免疫不全ウイルス（ＨＩＶ）を抱えている病気の人々には、肺疾患につながる有害な細菌が見つかることもあります。[11] 喉《のど》にも独自の細菌がいるのか、それとも口から通過してきた細菌がいるのかについては、依然として科学的議論がなされています。[12] しかし、喫煙者の喉の中にいる細菌は非喫煙者の細菌とは異なっているように見えます。おそらく、喫煙は私たちだけでなく私たちの中に生息する一部の生き物にも有害であることを示しています。[13]

口と胃

口の中については、歯周病や虫歯を引き起こす悪い細菌について耳にしたことがあると思います。悪者をひとつ挙げるならストレプトコッカス・ミュータンスと呼ばれる、私たちの歯が大好物な生き物です。農業の歴史と一緒に進化してきたようです[14]。農業によって私たちの食生活は炭水化物、特に糖分がいっそう豊富になりました。ねずみは私たちの残飯を主な食べ物として食べており、人間側の意図に反して家畜化されたような状況です。これと同じように、細菌も私たちの体中で家畜化されたように生息しています。

幸運なことに、私たちの口の中に住み着いている細菌のほとんどは有益なもので、悪い細菌から守るバイオフィルムを形成してくれます。口腔細菌は一酸化窒素（歯科医の椅子で誰もが経験する亜酸化窒素の親戚）と呼ばれる化合物の生成を助け、動脈を弛緩させ血圧を調節してくれたりもします。

フソバクテリウム・ヌクレアタムと呼ばれる別の種は、通常は健康的な口の中で見つかりますが、歯周病の原因にもなります[15]。この細菌は大腸がんの患者の腫瘍《しゅよう》内で観察されるのが興味深いのですが[16]、この細菌ががんの原因なのか、それとも結果なのか、まだわかっていません。すなわちフソバクテリウム・ヌクレアタムががんを引き起こしているのかもしれませんし、または単に腫瘍があるという環境に反応しているだけなのかもしれません。口の中の細菌も非常に多様です。同じ歯であっても面が違えば細菌群集もそれぞれ異なり、酸素への暴露や咀嚼《そしゃく》の仕方など、多くの要因によって影響を受けていると考えられます。

胃の中には車のバッテリーのように非常に酸性の強い環境が広がっていて、生き延びているのはほんのわずかな種類の細菌だけです。しかし、こうした細菌が非常に重要なのです。とりわけヘリコバクター・ピロリ（ピロリ菌）は長いあいだ私たちと共存してきた歴史があり、保有するピロリ菌の特定の菌株を見れば、ヒトのどの集団同士が密接に関連しているか（そして、移住したときにどの集団と接触したか）がわかります。[17]

ピロリ菌は胃や小腸の潰瘍《かいよう》の発生において重要な役割を果たします。潰瘍になると保護粘液層が磨耗し、胃酸が身体の組織にダメージを与えます。症状は口臭と胃の痛みから始まって、吐き気と胃の両側からの出血へと拡大します。長年にわたり医師は潰瘍をストレスや食事のせいにして、患者に対し休養を取って、辛い食べ物やアルコール、コーヒーを控えるようにアドバイスしてきました。推奨されたのは牛乳と制酸薬です。症状はある程度緩和されましたが、十分に回復することはほとんどありませんでした。

その後、1980年代になって、オーストラリアの医師バリー・マーシャルとJ・ロビン・ウォーレンは、ほとんどの潰瘍はピロリ菌感染に起因することを突き止め、細菌を標的とする抗生物質や、ビスマスといった化学物質で治療できることを示しました。自身の見解に確信を持っていたマーシャルは、ピロリ菌の培養物を飲んで自らが胃炎になって、それを治療することでのちにウォーレンとノーベル賞を受賞しました。

今日《こんにち》でも全人類の半数がピロリ菌を保有していることがわかっています。

でもどうして全員が潰瘍を発症しないのでしょうか。それは、ピロリ菌が潰瘍に至る多くの危険因子のひとつにすぎないからです。つまり必要条件であっても十分条件ではない。ピロリ菌は、病気に関連する他の非常に多くの細菌とともに、多くの人々が文句もなく保持しているものです。細菌群集の科学における今後の課題のひとつは、こういった細菌が時として人間に襲いかかる仕組みと理由を明らかにすることです。

腸

次は腸にやって来ました。私たちの腸の中には体内でもっとも大きく、もっとも重要な細菌群集があると信じられています。もしもあなたがヒトに生息する微生物であれば、ここが主な活動の場でしょう。私たちの腸は細菌の大邸宅であり、その全長は6〜9メートルで隅々に細菌が詰まっています。細菌にとって腸内は住み心地の良い場所です。温暖で食べ物と飲み物が豊富にあり、便利な下水道システムもあります。巨大な細菌群集が豊富なエネルギーを謳歌していて、私たちの腸はさながら、にぎやかなニューヨークと石油が豊富なサウジアラビアを合わせた都市のようです。

小腸は食物からの栄養素のほとんどがそこで血流に吸収されていく場所です。大腸は水が吸収される場所で、小腸では吸収されずに下ってきた食物繊維を細菌がそこで発酵させます。こうして、ヒトが利用できるより多くのエネルギーが生み出されます。腸内細菌は消化器系と一緒に働くので、さまざまな仕方で腸内における代謝の管理者となります。私たちが何を食べられるか、そこからどれだけのカロリーを摂取するか、どのような栄養素や毒素にさらされているか、そして薬がどれだけ作用するか、腸内細菌はこれらのすべてに影響を及ぼす可能性があります。

この非常に重要な細菌群集をコレクションするという点において、サンプル入手がとても簡単だというすばらしい利点があります。剝がれ落ち外に出される細菌は、生きたままや死んだ姿で、たいていは朝の一杯のコーヒーの次にやって来ます。大便には主に、消化管全体の末端にある大腸からの細菌が含まれています。[18] 小腸と大腸の細菌には違いがありますが、一般的に、個人間に見られる細菌の違いに比べればごく小さいものです。[19] つまり、あなたのうんちは、あなたの腸に特有の細菌について、とても良い情報を提供してくれるということです。

もちろん、便から得た細菌像はいくつかの点で歪んでいます。たとえば、大腸菌は清潔とは言えないレストランのキッチンからときどき食べ物に入り込む、一見不吉な細菌として数々のニュースになってきましたが、それだけでは必ずしも驚異ではありません。誤解が生じるのは、大腸菌が糞便の中に見つかりやすいからです（肉や野菜に大腸菌が見つかった場合はそれが糞便で汚染されていることを意味します）。実際には大腸菌は腸内の主要なプレイヤーではなく、健康な成人のほとんどで腸内細菌の1万分の1以下しか占めていません。[20] 大腸菌の名声はそれが「細菌界のタンポポ」と呼ばれるくらい、実験室のシャーレの中で本当によく育つところに起因しています。同じことは他の細菌にも当てはまり、これらの細菌は長年にわたって私たちの細菌群集の理解に大きな役割を果たしてきました。私たちがこれらの細菌について詳しいのは、実験室で成長しやすいからなのです。

腸内細菌のほとんどは気まぐれで、"in vitro"つまり実験室で培養する方法がまだわからないものがたくさんあります。これらの腸内細菌は、ファーミキューテス門およびバクテロイデス門[21]と呼ばれる2つの主要な細菌グループから成り、食物を消化し薬剤を代謝するのに重要な働きをしていますが、それらは肥満[22]、炎症性腸疾患、大腸がん、心臓病[23]、多発性硬化症[24]、そして自閉症[25]といったさまざまな疾患に関連しています。次世代DNAシークエンシングなどの革命的技術によって、私たちはついに今まで見えなかったものを見ることができるようになったのです。

生殖器

はじめに、無知を告白しておきます。私たちは今のところペニスの表面や内部の細菌について多くのことを知りません。初めて精子を観察したオランダ人科学者のアントニ・ファン・レーウェンフック（106〜110ページを参照）によって開拓された分野においても、現代の微生物学は男性器に注目してきませんでした。しかしながら、いくらかの進捗はあります。

私には10代の性感染症について非常に重要な研究を行なっている同僚がいます（ケーブルテレビの記者に追い回されないように、匿名のままとさせてください)。10代の少年のペニスの内部や表面の細菌群集を調査することも彼の仕事です。このため、彼には検体——通常の期間のものと青年が性的な行為をしたあとのものと両方——が必要です。こういう被験者の一人から電話を受けると、この長髪の同僚はいつものように革ジャケットを着て金の鎖を首の周りにつけて、10代のペニスから検体を採取しに研究用の白いバンで出発します。もちろん、すべては科学のためです。しかしまだ少年なので、この研究にはそれを判断する親の同意書が必要です。吹き出してしまいそうだからかもしれませんが、とにかく、この分野の研究はあまり進んでいません。したがって、私の同僚の仕事はペニスの細菌群集がヒトの健康に及ぼす影響についての、唯一とは言わないまでもひとつの模範的な研究になることでしょう。

他方で、膣はよく研究されています。ヨーロッパ系の健康な成人女性だと、膣はたいていたった数種のラクトバチルスによって支配されています。断っておくと、これらはヨーグルトに入っている乳酸菌と同じものではありません。しかし、密接に関連していて同じように乳酸を産生して、膣内を酸性に保っています。メリーランド大学の微生物学・免疫学の教授ジャック・ラベルの研究によって、特定の女性の膣内の細菌群集は時間とともに変化することがわかりました。月経の時期にはデフェリバクターという鉄代謝細菌が血液を餌にして生育し、[26]女性の膣内細菌は新しい性的なパートナーと付き合い始めたときでも変化します。

最近まで、膣内細菌の研究のほとんどは性感染症に焦点が当てられてきました。科学者たちは細菌性膣炎と呼ばれる疾患で膣内細菌が果たしている役割を探究し、ＨＩＶを含むさまざまな性感染症においても膣内細菌が感染を助長しているのか、それとも妨げているのかを調査してきました。

その結果明らかとなったのは、健康な人の膣内細菌群集だからといって、そのすべてが似ているわけではない、という事実です。新しい研究からは、ヒスパニック、アフリカ系アメリカ人、コーカソイド、アジア系、その他、と人種が違えば膣内の細菌群集もかなり異なることが示唆されています。そして次章以降で述べるように、いくつかの点において、膣内細菌は私たちの運命を決めているのです。

第2章

どのようにして細菌が身体に定着するのか

あなたが人の親であれば、きっと子どものためにベストを尽くしたいと思うでしょう。あなたが科学者なら、観測したデータと統計解析に基づき、すばらしいアイデアを思いつくことがあるでしょう。そしてあなたが私のような科学者、つまり、生まれたときから体内で細菌が果たしている役割について研究している科学者であれば、こうしたアイデアは、いわばちょっと変わったかたちで役に立つことがあるのです。

妻のアマンダと私が第一子を待ちわびていたころ、私たちは助産師ととももに非常に細かく出産計画を練っていました（助産師という、健康保険会社の味方でなく、私たちの味方になってくれる人がいるのは本当にすばらしいことです）。しかし子どもは生まれる前からであっても計画を無視して行動するものです。２０１１年11月2日、私が参加していたヒューマンマイクロバイオーム・プロジェクトの執筆チームは、研究結果をまとめた2本の主要な論文を、科学の第一線を行く雑誌『Nature』にやっと投稿しました。投稿までずっと苦労が続いていたので、私とアマンダはすっかり疲弊していました。そこで私たちはちょっとした祝賀会を開くことにしました。ただ、アマンダは当時妊娠中だったため、私は2人分、あるいは、ひょっとすると3人分のお酒を飲まなければなりませんでした。何はともあれ、娘が生まれるまでまだ3週間ありました。まだ手をつけていない大量のベビー用品は、翌朝もそのままになるはずでした。

その真夜中、私たちがベッドに入ろうとしていたとき、アマンダが突然今まで見たこともないような顔をしました。足がカーペットに触れようとした瞬間、彼女は「破水したかもしれない」と言いました。病院に電話すると、医師から急いで来るようにと言われました。慌てて着替えを済ませて車に飛び乗り、アマンダが運転して家から4キロの病院まで行きました。助産師はアマンダが破水したことを確かめると、赤ん坊が間もなく、予定より3週間早く産まれてこようとしていると告げました。「わかりました。すぐ家に戻って、出産の準備品を取って来ます」と答えました。買ってそのままにしてあったベビー服や毛布や哺乳瓶のことです。医師たちは、赤ちゃんが生まれるまでアマンダは病院にいなければならないと念を押しました。

この状況は私にとってジレンマです。急激に酔いが覚めていったとはいえ、私は運転できる状態ではなかったのです。タクシーを呼んでも、運転手が病院までの道に迷い（病院のあるあたりは一応ニューヨーク市内ですがタクシーがめったに来ない場所でした）、1時間経っても来ませんでした。「もういい」

と私は運転手に電話し、必要なもののリストを手に雪の中を家まで歩いて帰りました。なんとかしてリストの品々を家にあった3つのリュックいっぱいに詰め込み、再び病院へと戻りました。

すべては問題もなく進んでいるように見えました。しかし病院で待つこと24時間、医師たちの顔が急に曇り始めました。流産のおそれがあると告げたのです。私たちは助産師と相談して、もはや自然分娩《ぶんべん》ではなく、現代の医療に頼るほかないということで合意しました。娘は予定していなかった帝王切開で生まれ、その20分後には私は彼女を抱きかかえていました。しかし、現在の医療技術が何でも解決してくれるわけではありません。娘の細菌群集の話になるとこれは自分たちで何とかしなければなるまいと、アマンダの膣から採取したサンプルを娘の体にこすりつけました。私たちの子どもにはこの細菌群集が必要だったのです。

人にこの話をすると、だいたいみな3つの質問をしてきます。なぜこの話をしたか、という1つ目に対する答えは、娘の将来のパートナーにこの話をするときのために練習をしているのだ、というものです。

2つ目の質問は、どのようにしてやったのか、です。まあ、これは確立された方法があるわけではないのですが、私たちは無菌コットンの綿棒（普通は医療用）を使って母親の膣内からサンプルを採取し、新生児の身体のいろいろな箇所、つまり皮膚、耳、口など、本来産道を通っていれば細菌が定着したはずの部位に移植しました。

3つ目のすばらしい質問は、そもそもなぜこの方法が良いと考えたのか、ですが、これについては少々説明が長くなります。

人はみな、母親の産道を通って生まれて来るときに初めて、母親から細菌をもらいます。生まれる前からすでに、母親の細菌群集は赤ん坊のために準備をしているという証拠もあります。妊娠中、ラクトバチルスのある特定の種類[1]が女性の膣内を占有するようになります。腸内の細菌群集構造も、より効率良く食物から栄養を吸収できるようにシフトしていきますが、不幸にもそれと同時に、この細菌群集構造は腸の炎症をも引き起こしやすくするのです。これは特に妊娠の第三期（29～40週）に起こり、下痢《げり》や腹痛といった症状にもつながる複雑な現象です。

では、妊娠中の女性に細菌群集の変化が起こることを私たちはどうやって発見したのでしょうか。答えには、注射器いっぱいの便と、私たちの忠実なしもべ、研究用マウスが関係しています。アメリカ、フィンランド、スウェーデンから集まった国際研究チームは、妊婦の便を無菌マウスに移植しました。移植前のマウスはいっさいの細菌を持っていません。チームはマウスを2つのグループに分けました。一方には第一期（1～12週）の妊婦由来の便を、他方には第三期の妊婦由来のサンプルを移植し、どちらのグループにもまったく同じ食事を与えました。すると、第三期のほうのマウスは、第一期のマウスに比べて体重が増えたほか、妊娠期に特有の代謝や免疫に関するさまざまな特徴が見られたのです。[2]

細菌をマウスに移植することで、細菌群集の変化が妊娠に対する反応なのか、それとも移植した細菌がきっかけなのかを調べることができます。妊婦の腸内に存在する細菌群集が変化するのは、母親が効率よく食事から栄養を吸収して赤ちゃんに受け渡すことが目的なのかもしれません。あるいはそうした腸内細菌自身が胎児へ乗り移る準備をしているということもありうるでしょう。こうした現象は、ユーカリの葉を食べるコアラや、血を吸うコウモリなど、特殊な食事を摂る動物に見られます。

胎児が子宮の中にいるときからすでに細菌を有しているのかどうかはまだ完全には明らかになっていません。いくつかの研究で、羊水《ようすい》や胎盤に住む細菌と早産との関係性が指摘されていますが、[3]この分野の研究初期の発見はあまり再実験が行なわれていません。現在の仮説では健康な胎児は細菌を有していないと考えられていますが、科学の他の分野と同様に、データが新たに蓄積されれば、今後見直される可能性が十分にあります。

私たちが最初に細菌を得るのは、おそらく生まれるときです。膣内細菌がびっしり並んだ産道を通過する際に細菌が付着します。人によって膣内の細菌群集の特徴に多少の個人差はありますが、妊娠中はみな同じ状態に細菌群集が変化していくのです。[4] もしこうした細菌が赤ん坊を外界から守る防御層として進化したと考えるならば、非常に合点がいきます。蝶と鳥のさえずりに包まれて赤ん坊が新しい世界に迎えられるような漫画とちょっと似ていますね。もっとも、実際は蝶と鳥ではなく、どろどろした液体に包まれて身体にまとわりつく細菌なのですが。

さて、では赤ん坊に最初に定着する細菌が母親の産道と膣から来ると仮定してみましょう。そうやって生まれてこなかったら、どうなっていたでしょうか？　帝王切開は、医療面での問題が解消されたことや、あるいは単に出産予定日を決めやすいという理由で、多くの国で人気になりつつあります。[5]

ニューヨーク大学ランゴーン医療センターの研究者マリア・グロリア・ドミンゲス＝ベロは、ヒトの幼児の細菌群集を研究しています。彼と共同研究を行なった私は、多種多様でバラバラの細菌の生態系を有する成人とは異なり、新生児の細菌群集は多かれ少なかれ同じようだということを発見しました。もしその細菌群集が膣に由来するのであれば、母親の膣内の細菌群集に似ることでしょう。もし帝王切開を通してもたらされたのであれば、膣とはまったく別物である皮膚の細菌群集に似ることでしょう。[6] 帝王切開による出産は、細菌や免疫系に関連するさまざまな病気の発症率を高めると考えられています。まずは喘息[7]と、今のところ議論はありますが、おそらく肥満[8]、食物アレルギー[9]、そしてアトピー性皮膚炎[10]がそうです。しかし、あなた自身、もしくはあなたの子どもが帝王切開で生まれたのだとしても慌てないでください。実際のところ、結局何の問題もないというケースがもっとも多いのです。比較的小さなリスクが増加するということを言ったにすぎません。

細菌も人生のように

共有している部分がある。

とはいえ、本来は適応すべき細菌群集にさらされなかったことが健康問題につながるというのは理にかなった考えです。１００年くらい前までは、成人するまで生き延びた人はみな産道を通って生まれ、細菌群集にコーティングされてきたのです。以上が、緊急の帝王切開による出産に際して、本来自然に受け取るはずだった細菌を私たちがわざわざ膣から採取して我が子に塗った理由です。正式なやり方などわからなかったので、綿棒でやることにしたというわけです。

これが娘に対して本当に効果があったのかはまだわかりません。たった1人の新生児ではサンプルが足りず、有意な統計が得られません。そこで、私の研究室ではドミンゲス＝ベロ博士と共同で試験的な研究を行ない、より一般的な有効性を調査しています。本書の執筆時点では、膣から生まれた赤ん坊と帝王切開で生まれた赤ん坊とでは、出産直後に異なる細菌群集を有することを確認しています（カナダの研究チームも同様の結果を報告しています[11]）。

ですが、このことがのちの人生の健康に影響を及ぼすのかどうかについては、まだ情報不足です。

産道出産と帝王切開の影響を比較検討するのが困難なのは、いったん生まれてしまうと体の細菌群集はすぐに複雑化してしまうからです。生まれた瞬間には、膣を通って出てきた赤ん坊はみなとてもよく似た細菌群集を有していますが、成人になるころには、その差異が大きくなってしまうのです。

それほど一人ひとり違うのであれば、逆にどういう人同士が似ているのかと疑問に思われるかもしれません。同じものを食べていれば似るのでしょうか？　同じ家に住む家族なら似るのでしょうか？　同じ街や大陸に住んでいれば似るのでしょうか？　こうした要因はすべて私たちの体内に住む細菌群集に影響しており、そしてつい最近、その中でも特に重要なものがあることが明らかになってきたのです。

私たちの体内に住む細菌群集が成長するうえでもっとも重要な期間のひと

つが、幼児期です。コーネル大学の微生物学教授であるルース・リーと私の研究室は共同研究を行ない、1人の子どもを対象に、出生直後から838日目までの糞便を追跡調査しました[12]。その結果、膣から生まれた男の子の便の細菌群集が、成人女性の膣の細菌群集に似ていることが発覚しました（これは出産形態から予想できた結果でした）。そのあとは徐々に通常の成人の細菌群集に近づいていきました。しかし、この2つの時点のあいだに、なんという変化が起こっているのでしょう！

日を経るにつれて、その子の便の細菌群集は、健康な成人間の便の細菌群集の違いよりもはるかに大きく変化していきました。その子の1週間での変化が、関連研究で追跡した250人の成人間に見られたどんな差異よりも大きいことだってありました。微生物学的に言えば、その男の子は熊のような状態から始まって（肉食の熊は腸内がシンプルです）、猿のような状態に行き着くのです。その違いが顕著に現れるのは、耳の細菌感染を防ぐ抗生物質を

赤ちゃんの腸内細菌
成人の口腔内細菌
成人の膣内細菌
成人の皮膚細菌
成人の腸内細菌
赤ちゃんの腸内細菌
生まれたとき、赤ちゃんの細菌は膣内細菌に似ている。
START
1日目
大きくなるにつれ、
細菌群集は変化して……
抗生物質を投与されると、
また最初の構造に戻る。
700日目ごろ
赤ちゃんの細菌群集はまた変化して……
細菌群集は大人の形になる。
END
838日目
KOENIG ET AL, 2011

その子に投与する時期で、このときは別人というよりほとんど別の生物種のようになります。しかしながら、そこから数週間もすれば、男の子は成人の細菌群集の状態に近づいていきます。こういったことは、どのくらいの頻度で子どもや自分自身に抗生物質を投与すべきか、という問題につながります。

食生活もまた、それも幼少期から、細菌群集の形成に寄与します。母乳と粉ミルクではかなりの変化が生じます。母乳で育った幼児は、母乳に住む特別な細菌や、母乳中の有益な細菌の成長を促す特別な糖にさらされます。固形食に移れば体内の細菌群集はさらに進化します。生後約6カ月の段階では、食生活への短期的な介入は、個人間の細菌群集の差異に比べてほとんど影響を及ぼしません。しかし長期で見た場合には、食べたものがその人自身となるのです。つまり、1年間にわたる食生活は腸内細菌群集にもっとも大きな影響を与える要因のひとつで、これが、タンパク質を消化する細菌と食物繊維を消化する細菌という主な2グループのバランスを左右します。[13]

この2つの腸内細菌カテゴリーの存在は、世界中に広がる多様性の中でもあまり知られていない側面、すなわち、腸内細菌群集の多様性を説明してくれます。そう、言葉や文化が異なるように、世界の人々はそれぞれ異なる腸内細菌群集を持っています。バクテロイデスとして知られる細菌のグループは、肉食中心の食生活をしている人々において優位を占めています（アメリカやヨーロッパにお住まいのみなさん、あなた方のことです）。一方、プリボテラは穀物中心の食生活を送る人種の腸内に多く見られます。[14] しかし実際はこれよりももっと多様で複雑です。たとえば、アメリカ人とヨーロッパ人の細菌群集はまったく異なります。スペインとデンマークといった小さい範囲で比べても、細菌群集で区別できます。[15] とはいえ、昔ながらの生活を営んでいる人々と比べると、両者はまだ似ているでしょう。アメリカ人と比べると、トウモロコシが主食のマラウイの農家やキャッサバが主食のベネズエラの農家はかなりプリボテラに偏っており、繊維豊富な食生活とともに、おそらくは遺伝的要因や取り巻く環境の影響があると考えられます。[16] 違いはさらに小さな規模でも見られます。たとえば日本人は海のバクテロイデス種由来の、海藻を消化する遺伝子を持つ細菌を腸内に持っており、これは寿司食への適応だと言えるでしょう[17]（ここで注意。この遺伝子は私の研究室で調査していたセントルイスの人々には見られなかったので[18]、もしセントルイスで寿司を食べたことがないのであれば、やめておいたほうがいいとだけ忠告しておきます）。

食生活がどのように体内の細菌群集に影響するかが気になる方もいることでしょう。まあ、その疑問は取っておいてください。というのも、現時点でそのメカニズムはほとんど研究がなされていないのです。とはいえ、これまでの成果から、食事と栄養失調、感染リスク、そしてニキビとのあいだには広く関連があるだろうことは示唆されています。

次に、環境が細菌に与える影響の話をしましょう。これは幼少期に顕著で、その理由は、そうですね、小さな子どもをよく観察したことがありますか？

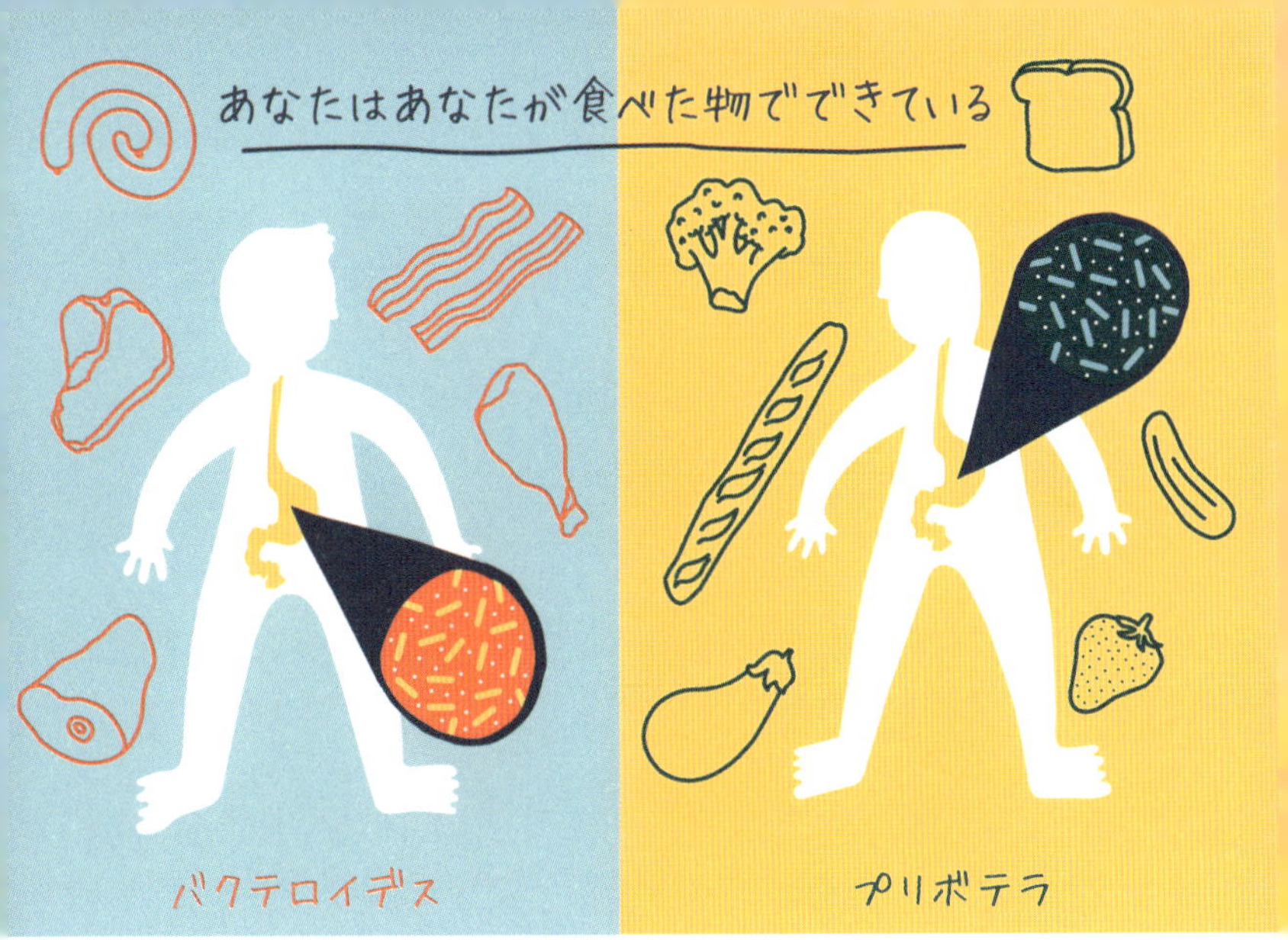

子どもたちは指で何でもかんでも触り、その汚い指を口に入れます。でもこれは必ずしも悪いことではないのです。

　より多様な細菌群集を有している子ども（兄弟姉妹やペットがいる、農場の近くに住んでいるなど）は、都市部で育った子どもに比べて花粉症などの免疫疾患にかかる割合が少ないのです。[19]それこそ成人してからも、モフモフしたペットも含め、家族のメンバーとたくさんの細菌を共有しています。みなさんが使っているパソコンのマウスに付着した細菌を調べれば、それが誰のものかを特定することができます。また同様に、同棲しているパートナーや飼い犬などと共有している細菌を追跡することによってもかなり正確に個人を特定できるのです。[20]

私たちがだいたい何をしても、細菌群集はあまり変化しません。なぜなら、年をとっても細菌群集には個人差がはっきりと残るためです。幼稚園の入園式の日と会社の退職日で比較しても、みなさんとご近所さんとの細菌群集の違いの程度はほとんど変わりません。私は人間2人の細菌群集の日々の変動をまとめたビデオを作りました。その2人というのはたまたま私とアマンダだったのですが、私たちは6カ月間毎日、身体からサンプルを綿棒で採取しました（アマンダは細菌の名前ばかりを耳にし続けてうんざりしていました）。彼女は6カ月で終了しましたが、私はそれからもう5年以上も実験を続けました。ずっと一緒に生活して、細菌群集を交換するエキサイティングでグラマラスな機会がたくさんあったにもかかわらず、6カ月間ずっと私たちの細菌群集の特徴がはっきりと分かれていたことがビデオからわかります[21]。身体の部位別に見ても、日ごとではある程度の変動があったとはいえ、私たちの細菌群集ははっきりと分かれていました。6カ月のあいだに私たちがした特別なイベント（初めての場所への旅行、異国での食事など）も、私たち2人の差に比べれば、たいした影響はありませんでした。

人生の後期には、腸内の細菌群集が全体的に多様になっていく傾向があります（少なくとも健康な高齢者ではそうです。入院時や健康状態の悪いときは、細菌群集の多様性が低くなるとされています[22]）。その一方で、人生の終盤は幼少期にも似ています。大腸菌などに代表されるプロテオバクテリアおよびその近縁種は、高齢者と幼児で共通に見られる傾向があります。その原因はまだわかっていませんが、幼児の未発達の腸において定着していたものが、高齢者の弱った腸に再び定着するのではないかという可能生が考えられます。プロテオバクテリアは細菌の中でも急速に成長する雑草のような存在なのです。

もしみなさんが細菌群集を他の人と交換しなければならないとしたら、100歳以上の高齢者か、子どもか、それとも同じ年齢の人か、このうちの誰と交換したいですか？　100歳以上の高齢者の場合、特に健康な腸内細菌を有しているおかげでその歳まで生きている、ということは十分考えられます。他方で、彼らの腸内細菌が最後の力を振り絞って鞭毛《べんもう》を振り回している可能性も考えられるので、その場合、移植はおすすめできません。同様に、幼児の細菌群集を移植するのも、正常に発達しやすい、若くて活発な細菌群集を得るには良いかもしれません。しかし、仮にそれが若いときには有効に働いたとしても、大人になってからは有害になる細菌だとしたらどうでしょうか。現在ではこの点についてほとんど研究が進んでおらず、科学は助けになりません。今のところは、まだ実験段階にある糞便移植は避けておくのが得策でしょう（このことは第5章でさらに詳しく説明します）。

第3章

病気であること、健康であること

科学者として、そして一人の人間として、細菌群集が私たち自身を定義し、形作っているという発見の数々に、私は絶えず感銘を受けています。しかし、私をもっとも興奮させるのは、私たちが細菌群集をより深く理解し、それを操作できるようになれば、細菌群集による治療行為が可能になるかもしれないという現実的な展望です。

私たちはすでに、細菌との関連が明白な感染症や炎症性腸疾患、さらにはその関連が予想外だった多発性硬化症や自閉症、うつ病に至るまで、とても広範囲にわたる病気と細菌とのあいだの関連性を明らかにしつつあります。

注意が必要なのは、特定の病気にある細菌が関与していることが明白であるからといって、その細菌を除去することが正解、つまり正しい治療法というわけではないということです。実際、細菌を除去することが不可逆的なダメージを与える可能性もあります。食事を改善したり、特定の酵素（特定の化学反応を促進するタンパク質）を阻害したりすることのほうが、細菌を直接攻撃するよりも効果的かもしれません。しかし、それでも私が細菌群集の持つ可能性について非常に興奮している理由は、既存の手法では治療が困難な病気に対して有効となる、まったく新しいメカニズムの発見が予想されるからです。

しかし、まずはこう問うてみましょう。ある細菌が特定の病気と関連していることを、私たちはどのようにして知るのでしょうか。

いちばんわかりやすいのは、特定の細菌が健康に重大な影響を与えるケースで、それには150年にわたる感染症研究の歴史があります。もしサルモネラやジアルディア、結核菌といった細菌にさらされたならば、病気になるでしょうし、そうした病気に対して適切な抗生物質（もしくは他の薬）を投与すれば、治癒が見込まれます。

でも待ってください。細菌にさらされると必ずしも病気になるのでしょうか？ 実際、病気になるリスクは、細菌への接触や遺伝的体質をはじめとしたさまざまな要因の組み合わせに依存しています。生まれながらにして特定の病気に対する耐性を備えている人もいます。20世紀初頭のニューヨークで料理人をしていて、腸チフスを引き起こす細菌の保菌者でもあった「腸チフスのメアリー」について聞いたことはないでしょうか。彼女は自分の作った料理で、雇われた先の家族を次から次へと腸チフスに感染させてしまいました。彼女のすばらしい料理には、彼女のそれほどすばらしくない細菌に由来する毒素が混入していたのです。ただ、彼女は病気になりませんでした。自分の細菌が引き起こす腸チフスに対して免疫があったのです。どうやってその免疫を手に入れたのでしょうか。こうした問いに駆られて、研究者のあいだでマウスによる研究が広がっていきました。マウスは倫理的な問題を軽減しながら細菌に感染させることが可能で、ゲノムも操作できます。これらの研究により、ほぼすべての種類の感染症へのかかりやすさは、遺伝に大きく依存していることがわかりました。「腸チフスのメアリー」のようなマウスは実験室で簡単に作り出せますし、腸チフスだけでなく、他のあらゆる感染症についても同様です。これは、どの細菌が原因で病気になるかには、私たち個々人の遺伝子が影響しているということの証拠です。

同じ条件で細菌にさらされたとしても一部の人間にしか発症しない病気がこの世にはまだまだ存在するかもしれない。私たちはようやくそのことをわかり始めています。その理由を解明するためには、なおいっそう研究を続ける必要があります。

しかし、とりあえず今は、現時点で細菌の関与が疑われている重要な病気について見ていきましょう。

炎症性腸疾患

炎症性腸疾患（ＩＢＤ）とは、消化管の炎症が見られる症状全般に対して下される診断です。このＩＢＤの中でも特に大きな病気なのは潰瘍性大腸炎とクローン病です。この２つの病気に共通するのは、腸内細菌とヒトの免疫系との関係が狂ってしまうということです。（あなたの免疫系が）自分を苦しめている病原菌のみを標的にしたつもりが、腸の中にいる生き物すべてと戦争を始めることになってしまい、その副作用として激しい痛みや出血、何度もトイレに行きたくなるといった症状が現れます。

これらの病気の典型的な兆候は、ある特定の細菌の数が増加することです。特に興味深いのは、患者の中の細菌が、代謝を止め、いつもとは異なるさまざまな化学物質を取り込んだり分泌したりすることです。このおかしなふるまいの原因が、身体の免疫反応によるものなのか、細菌のほうに問題があるのかはまだわかっていません。免疫系は細菌の行動に注意を払ってはいても、良い細菌か悪い細菌かといったリストをそれほど持っていません。あなたの免疫系はジョン・デリンジャー［★1］の捜索を行なっているFBIではなく、誰かがカウンターを飛び越えてお金を袋に詰め始めたときにパニックに陥って発砲してしまう、銀行の警備員のようなものなのです。

他にもまだわかっていないことがあります。これらの炎症性腸疾患が細菌群集の変化によって引き起こされているのか、患者の遺伝子の中に自分の身

★1—1903〜1934年。銀行強盗を繰り返した、アメリカ最悪の犯罪者の1人。

体と腸内細菌とのあいだの関係を悪くしてしまう何かがあって、細菌群集はそれに対する反応にすぎないのか。もしかしたら、その両方の組み合わせかもしれませんが。

炎症性腸疾患と関連のある病気に、セリアック病があります。これも免疫系の一部に関係しています。セリアック病患者が小麦製品を食べると、小麦内の天然グルテンタンパク質が免疫系を活性化させ、腸の内側を攻撃して傷つけてしまいます。セリアック病はもともと、西暦1〜2世紀ごろにカッパドキアに住んでいたギリシャ人医師、アレタエウスによって同定され、命名されました。その後、第二次世界大戦中の1944〜45年に当たる「飢餓の冬」の時代、小麦が欠乏していたときにセリアック病患者がより長く生き延びることを、オランダの医師ウィレム＝カレル・ディッケが観察し、この病気が広く知られるようになりました（ディッケはグルテンフリー食の先駆けとなりました）。セリアック病が細菌群集に関連しているかどうかに強い関心が寄せられていますが、現時点では細菌とセリアック病とを関連づけるような首尾一貫した傾向は見つかっていません。セリアック病患者と健康な人との違いを見つける研究は多数行なわれていますが、セリアック病患者の細菌組成は研究ごとに異なっています。そのパターンはどう見ても複雑で、腸内細菌がセリアック病に寄与しているのか、逆に細菌はセリアック病患者のグルテンフリー食に反応しているにすぎないのか、それを理解するためにはさらに研究が必要です。

肥満

2008年にペルーを旅行するまで、私はとても太っていました。アマンダと私はインカトレイル（マチュピチュへと続くインカの古道）でハイキングをしたあと、アマゾンで1週間を過ごし、そこで本当に厄介な下痢に襲われました（テント生活においてはもっと嫌なものです）。回復しましたが、あとで結局もう一度下痢になってしまい、治療のために2人とも同じ抗生物質を飲みました。家に帰ると、旅行に出る前にしていたのとだいたい同じ食事と運動量パターンに戻りました。それでも、私は数カ月のあいだにおよそ36キロも痩せ、肥満体から健康体へ生まれ変わったのです。

変化は目覚ましいものでした。新しいズボンを買うはめになった私を同僚たちは呼び出して、私ががんではないか、もしくは他に何か知っておくべきことがあるのではないかと聞いてきたのです。対照的に、アマンダのほうはまったく体重が減りませんでした。この違いは私の細菌群集の急激な変化にあったのだと思います。私たちは同じ病気・同じ治療に対してそれぞれ異なる反応をしていたのです。

もちろん、1組のカップルだけから科学的な結論を引き出すことはできませんが、私のこの経験は、研究が示していることを反映しています。細菌が肥満を形作る強力な要因であることはだんだん明らかになっているのです。肥満のマウスから糞便の移植を受けた正常サイズの無菌マウスは、以前より太ります。しかも、不健康な食事をたくさん摂らせられたり[1]肥満になる遺伝子変異があったりして[2]、もともとマウスが太っていた場合でも、この実験は再現されます。

ここで疑問に思うかもしれません。太らせているのは細菌なのか、それとも便の中にある何か別のものなのか、ということです。良い質問です。それに答えるために、セントルイスのワシントン大学医学部でゲノム科学・システム生物学センターを指揮する生物学者、ジェフリー・ゴードンと彼の研究室のチームが次のような実験を試みました。被験者から数百にのぼる細菌株をそれぞれ単離し、それぞれの株を（便の残りは除いたうえで）研究室で培養、それらを元のサンプルと同じ割合で混ぜ合わせたあと、その細菌群集を新しい宿主のマウスに移植することで、体重の変化に反映されるかどうかを調べました。実験は成功し、体重の増加に寄与しているのはウイルスでも、抗生物質でも、化学物質でも、便中の他の何かでもなく、細菌群集であることが証明されました。さらに驚くべきことに、痩せた人から細菌を単離することで、マウスの体重増加を防ぐ細菌群集をデザインすることもできました。肥満マウスと同居し、その糞を通じて細菌にさらされると通常だと得られる体重が増えなかったのです[3]。

目標にしてはいるのですが、私の研究室や他の研究者はまだ、マウス（もしくは人）をスリムにする細菌群集をデザインすることには成功していません。しかし、まだ発表されていない研究ですが、高脂肪食によって増殖する細菌をターゲットとした抗生物質を用いることで、不健康な食事を続けているマウスでもうまく痩せさせられている、という報告はあります。

現在流行している多くのダイエットが細菌群集の改善を目指していますが、

ヤセマウス
（無菌）
太ったマウスから
細菌群集を移植
太ったマウス

これらが実際にうまくいくという証拠はそれほどありません。目標とする介入を行なうには、私たちはまだ、特定の細菌が消化と吸収に及ぼす影響について知識が十分ではありません。2011年に、ハーバード大学の研究者チームが、体重増加と体重減少に関連付けられる食品を『The New England Journal of Medicine』誌に発表しました。[4] 脂肪豊富なフライドポテトが他の食べ物よりも体重増加に関連していると聞いても、衝撃を受けることはありません。しかし奇妙なことに、体重減少にもっとも関連するヨーグルトとナッツは、どちらも脂肪が多いものです。いったい何が起こっているのでしょうか？

もしかしたら、ここで細菌が何らかの役割を果たしているのかもしれません。私たちは特定の細菌または細菌の組み合わせが体重増加や体重減少に関連していることをマウスの研究から知っています。では、特定の食品と私たちをよりスリムにする細菌とのあいだには、何か関係があるのでしょうか？

食べ物によって細菌群集が変化し、いくつかの種はより住みやすくなり、他のいくつかの種は住みにくくなる。そんな証拠はたくさんあります。消化器学が専門のペンシルベニア大学教授ゲーリー・ウーは、長期にわたる食事は細菌群集の全体的な組成と強く相関していることを示しました。炭水化物（パスタ、じゃがいも、砂糖）をたくさん食べた人がプリボテラを多く持っていることを実証したのも彼のチームです。対照的に、多くのタンパク質、特に（西洋の食生活風に）肉をたくさん食べた人は、バクテロイデスを多く持つ傾向にあります。これら2つの細菌属は私たちが食物を消化し代謝するのを助けてくれますが、自分たちの食物は別です。バクテロイデスに属する種が、西洋でよく見られる肥満や糖尿病にどのような影響を及ぼしているのかはまだわかりませんが、示唆的な相関はいくつかあります。私たち自身が食生活を変えることで、より健康でスリムな人が持っているような細菌群集を育てられるかもしれない。そう想像するのはとても面白いことです。

食事の変化によって私たちの細菌が急速に変化する事例もあります。当時ハーバード大学のシステム生物学者だったピーター・ターンボーと彼のチームは、忍耐力のある被験者を見つけて、ビーガン（卵や乳製品なども口にしない菜食主義者）になってもらったり、ほとんど肉とチーズだけの食事を摂ったりしてもらいました。ビーガンの食生活では腸内細菌にほとんど変化は現れませんでしたが、肉とチーズ中心の食生活を送った場合には一晩で大きな変化が起こり、心血管疾患に関連するビロフィラ・ワズワーシアのような細菌が数を増やしました。[5] ですから、かなり極端な食事はすぐに健康に悪影響を与えるということです。すぐに良い効果を発揮するものがあるかどうかは、未解決の問題です。

アレルギーと喘息

細菌の多様性が減少すると喘息やアレルギーにつながる、という考えは、ロンドン大学セントジョージ医学校のデビッド・ストラチャンの研究にまでさかのぼります。1980年代後半にストラチャンは、家族の中でもあとに生まれた子どものほうが花粉症や関連するアレルギーを発症する確率が低くなりがちなことに気づき、兄や姉を通して感染症（特によくある子どもの病気）にかかることで、免疫系がダニではなく真の侵略者を標的にするよう訓練されるのではないか、と考えたのです。[6,7]「衛生仮説」として知られているこのアイデアは、つまり、自分自身をあまりきれいに保ちすぎると免疫異常が起こりうることを示唆しています。人間とともに進化してきた細菌やウイルスといった病原体と戦うことがなくなった免疫系が、暇を持て余して不安定になるのです。

ストラチャンの時代から、研究の焦点は移ってきています。以前は、はしか、風邪、インフルエンザといった、今では完全に有害だと考えられている感染症が注目されていました。現代の衛生仮説が注目するのは、清潔すぎる環境です。現代の子どもは、土や葉の表面、家畜や野生動物といった、無害なところに由来するさまざまな細菌から隔離されています。この状況を理解するのに、免疫システムをラジオのようなものだと考えてみてください。特定の放送局にダイヤルを合わせると音楽がはっきりと聞こえますが、2つの放送局のあいだに合わせると、ランダムな信号が騒々しく不快なノイズを生じさせます。免疫システムも同じです。シグナルがないと他の何かを標的にしようとするのです。幸運な場合だと、花粉やピーナッツバターがアレルギーを引き起こすだけですが、不運な場合だと、免疫系が自分の細胞を標的として、糖尿病や多発性硬化症などの自己免疫疾患を引き起こしかねません。子育てに励む親御さんへ――だからといって、腐った肉を食べたり、病院の床を舐めたり、狂犬病の動物に近づいたりして、有害な細菌に触れる確率を上げるよう子どもに勧めてはいけません。ただし、現代の衛生仮説によれば、土を介して良い細菌にさらされたり、健康かつ多様な人々や動物と触れ合ったりすることは、優れた予防薬になりうるようです。

その証拠は何でしょうか？　それに答える研究は近年になってから急速に前進しており、その公刊論文の4分の1以上が2014年に発表されたものです（本書原書の出版年は2015年）。ミュンヘン大学小児科病院のエリカ・フォン・ムティウスは、この分野のパイオニアです。彼女が明らかにしたのは、幼少期に農業に従事するとアレルギーや喘息のリスクを大幅に軽減し[8]、この効果の一部は、わら、牛、生乳、特定の細菌や菌類に子どもたちが接触することから説明できるというものです。[9,10,11]いつものように埃っぽい家の影響はどうでしょうか？　家の中は、いくらモップをかけても、鼻をむずむずさせる原因には事欠かないように思いますが、予想とは異なりました。フォン・ムティウスらは、ダニや猫の毛といったアレルギー物質への暴露は喘息の発生率と無関係であることを実証しています。[12,13]

近年の面白い発見のいくつかから、乳幼児期だけでなく妊娠中の細菌への暴露も、アレルギー性疾患を減らすために重要なのではと考えられるようになりました[14]（ただし注意が必要です。ウイルスの侵入を妊娠中に受けたマウスは、模造ウイルスの場合であっても、自閉症に似た症状を現わします[15]）。まだ初期段階ですが、将来さらに研究の発展が期待される現状の実験結果としては他に次のようなものがあります。

・いくつかのプロバイオティクスで、アトピー性疾患と喘息を緩和することができる[16]（特にラクトバチルス・サリバリウスLS1は子どものアトピー性皮膚炎の症状を改善できる[17]）
・抗生物質による動物の細菌群集の変化は、アレルギー疾患を誘発する可能性がある[18]
・特定の細菌種は、マウスの食物アレルギーを改善したり[19]、食物アレルギーの発症を初めから防いだりできる。[20] 逆に、それらを引き起こす細菌種もいる。[21]

母乳がこういった病気の発生率を減少させるかどうかに関しては、現在のデータだけでは、やや確信に欠けます。[22,23] 興味深いことに、より多様な細菌に接する環境（たとえば、公園から遠く離れた都市部のアパートではなく、裏庭を持つ家庭）に住むだけで、アレルギー疾患のリスクが減少するようです。[24] それは屋外だけでなく、屋内についても同じです。早いうちに（特に妊娠中[25]や生後1年のあいだに[26]）犬に接すると、その後のアレルギーリスクが少なくなるようです。驚くべきことに、子どものいる家庭よりも犬を飼っているカップルのほうが、細菌群集は多様になりました。[27] ただし、青年期の犬や猫への暴露は、喘息や湿疹《しっしん》のリスクを増加させます。[28]

まだまだ研究が必要なこうした証拠をかき集めて、子どもが喘息やアレルルギーになるリスクを低下させる処方箋《しょほうせん》を導き出すことは難しいのですが、私のおすすめは以下です。犬を飼う（できるだけ早い時期、胎児期が理想的）、牛とわらに触れられる農場で生活する、早い時期から抗生物質を摂らない、プロバイオティクスを摂る、母乳で育てる（ただし、最後の2つは現在のところ暫定的）。科学者は取り込むべき細菌の種類について良し悪しを言いますが、一般的には兄弟姉妹、ペットや家畜の飼育、屋外での古き良き遊びなどを通じた多様な細菌への暴露が役立つようです。多様なものに触れるということがもっとも重要なのかもしれません。

クワシオルコル（栄養失調）

腰のラインに悩んでいる先進国とはまったく別のところで、人類を苦しめている細菌をより良く理解するための研究が進められています。「クワシオルコル」は飢えに苦しむ人々に見られ、痩せた身体から突き出たお腹で悪名高い病気です。クワシオルコルは長いあいだ、食事にタンパク質が不足しているために起こる栄養失調の一種であると考えられていました。

このような栄養失調は、「食糧不安のレベルが高い」（栄養価の高い食物を人々が安定して得ることができないことを表す専門用語）国々で流行しています。それなら、単にもっと食物を人々に与えることで問題は解決できないのか、と思われがちですが、必ずしもそうとはかぎりません。米やトウモロコシを供給してカロリー摂取量を高めるのではうまくいかないのです。うまくいくのは、砂糖やビタミン、微量の栄養素により栄養価を高めたピーナッツバターをもとにしたサプリメントを用いた場合です。このサプリメントにより、サハラ以南のアフリカで治療を受けている栄養失調の子どもたちの85％を助けられると、ある研究は示しています。でも、残りの15％はどうなるのでしょうか？　ピーナッツバターをもとにしたサプリメントは彼らにはうまく効きません。理由は、クワシオルコルは単に栄養失調の病気というより、細菌群集の病気でもあるから、ということのようです。研究が示しているのは、病気の子どもの中に住んでいる悪性細菌を殺す抗生物質を先に投与すると、そのサプリメントはさらに多くの子どもに効果があるようです。[29]

さらに驚くべきことに、食事より細菌のほうが重要になることがあります。これらの研究の多くはマラウイで行なわれていて、先ほどのゴードンも研究を指導しています。マラウイでは食料不安が広がっていて、しかも一卵性双生児の割合が非常に高いからです。ゴードンの研究室は、同じ食事をしている一卵性双生児から便のサンプルを採取しました。1組は健康で、1組はクワシオルコル持ちです。そのサンプルから得た細菌を遺伝的に同一の無菌マウスに入れます。健康な双子から取られた細菌を得たマウスは順調でしたが、クワシオルコルを持つ双子に由来する細菌を受け取ったマウスは、3週間のうちに体重が30%減り、治療をしない場合には死んでしまいました。しかし、病院で子どもに処方される、ピーナッツをもとにしたサプリメントを使うことで治療することができ、それに反応して、そのマウスたちの細菌群集も健康なものへと変化しました[30]。このことが強く示唆しているのは、長らく考えられてきたようなタンパク質の欠乏がクワシオルコルを引き起こすのではなく、病気自体は細菌群集に存在し、食べ物の不足によって引き起こされるのを待っているということです。

細菌群集がもたらすものが、治りにくい肥満か長引く栄養不良か、そのどちらかというのは皮肉なことです。私たちにできるのは、この知識により先進国と発展途上国の問題がどちらも同じように解決されるように願うことだけです。

病気と細菌群集のあいだの関係には、いくつか一般的な傾向があります。まず、多様性の低い腸内細菌群集は、肥満[31]、炎症性腸疾患[32]、リウマチ関節炎[33]と関係があることがわかってきました。卒業式の月並みな祝辞のようで申し訳ありませんが、（細菌群集の）多様性こそが力となります。特定の種類の音楽や特定の政治の派閥にしか関心がない人が、他の種類の音楽や馴染みのない会話にはついていけないように、多様な細菌に前もって対処したことのない身体は、対応が効きません。

次に、体内で炎症を引き起こすある種の細菌、特にプロテオバクテリア（大腸菌やその近縁種）やある種のファーミキューテス・クロストリジウムは、慢性の下痢、炎症性腸疾患、一部の研究では肥満といった健康問題と関係があることもわかっています。最後に、病原菌と呼ばれる特定の菌もいます。コレラを引き起こすコレラ菌がそうで、心配の種です。けれど、特定の細菌を自分の体内に持っているというだけで、個人の細菌の生態系に問題が起こったりはしません。

しかし、ここでまた別の興味深い問いが生じます――細菌の影響は腸以外のところにも及ぶのでしょうか？

第4章

腸脳相関

――腸内細菌が気分や考え方に与える影響

腸内細菌が私たちの病気や健康、腰のラインなどを決める要因であることをこれまで見てきました。しかし、私たちの心、気分や行動、つまり私たち人間を人間たらしめていると思われる部分は、本当に腸内細菌の影響が及ばない人間固有のものなのでしょうか？

おそらく違います。

おかしなことを言っているように聞こえるかもしれませんが、私たちがどのような人間になり、どのように感じるかを腸内細菌群集が決めていることを示す証拠はますます増えています。だとしたら、細菌はどのようにして私たちの行動を形作っているのでしょうか？　そのメカニズムは少ないというよりはむしろ多すぎてじっくり検討するのが難しいくらいです。

私たちの腸内に君臨する細菌は、私たちの食べ物の消化、薬の吸収、ホルモン分泌の仕方に影響を及ぼすだけでなく、免疫システムと相互作用することで私たちの脳にも変化をもたらします。細菌と脳とのあいだのさまざまな相互作用はまとめて「腸脳相関」[1,2]と呼ばれています。この関係を理解すれば、ヒトの神経障害と神経系をより深く理解できるかもしれません。

たとえば、現在、うつ病は炎症反応を伴うことが知られていますが、それに対して、有益な腸内細菌の多くが生産する酪酸のような短鎖脂肪酸は、腸内の細胞に栄養を与え、炎症を抑制する効果を持ちます。ごく最近も、細菌がうつ病と関連していることがわかりました。ＧＡＢＡという神経伝達物質は脳の神経活動を抑制してうつ病へと導くこともあるのですが、それとよく似た精神安定剤のような機能を持つ化学物質をオシリバクターという細菌が生産することが発見されたのです。[3] マイコバクテリウム・バッカエのような土壌細菌が人間の免疫システムを調整する能力を持つことは古くから知られていて、そのことから土壌細菌をストレスとうつ病に対するワクチンとして利用できないかと考える研究者たちが出てきました。[4] 特にユニバーシティ・カレッジ・ロンドンのグラハム・ルックは私たちの「旧友」——人類の歴史を通してずっと接してきたのに、今や清潔な生活によって遠ざけてしまっている土壌細菌たち——と十分な接触をしていないことが、糖尿病や関節炎、うつ病の発生率の急速な増加の要因になっているのではないかと主張しています。

さらに言えば、細菌は私たちの身体に起こるさまざまな化学反応に影響を及ぼしているだけでなく、私たちの成長に伴う心の形成にも影響しうるかもしれないのです。特に自閉症は興味深い例です。いくつかの研究から、自閉

心配性の
マウス
マイコバクテリウム・
バッカエを投与すると
ストレスを軽減し
リラックスさせる。

スペクトラム症を患う子どもたちは、そうでない子どもたち（たいていは自分の兄弟姉妹）と腸内細菌群集が異なっていると報告されています。[5] しかしながら、自閉症がしばしば下痢のような、それ自体が腸内細菌を変えてしまう腸管障害を併発するため、腸内細菌の違いが自閉症から来ているのか、それとも下痢から来ているのかを証明するのは難しいかもしれません。

紛れもないビジョナリー（先見者）であり、マッカーサー・フェロー［★2］を受けてカリフォルニア工科大学で微生物学を教えているサーキス・マズマニアンは、自閉症に似た症状のマウスに対し、腸内細菌をベースにした劇的な治療法を作り出しました。どこでそんなマウスを見つけてきたのだろう、と思いましたか？　マズマニアンは彼らそのものを作ったのです。そのために、彼はまず妊娠したマウスに2本鎖ＲＮＡを注入しました。ＤＮＡと化学的に類似していますが、細胞内では異なる役割を果たす物質です。母親マウスの免疫システムから見ると、この2本鎖ＲＮＡはウイルスのように見えます。それに対して母親マウスの免疫システムは、体温やサイトカイン（細胞内シグナルに重要なタンパク質）のレベルを上げて、さらには正常な細菌までも殺すような過度な活動状態になります。このような母親マウスから生まれた子どもマウスは、通常のマウスとは異なる免疫システムと細菌群集を持つようになります。結果、これらの子どもマウスには、人間の自閉症に似た一連の症状があることが判明しました。彼らには認知障害があり、社会性の欠如が見られます。つまり他のマウスと一緒にいるよりも、独りでいるのを好むのです。他にも執拗にビー玉を運ぶような反復行動を示したり、胃腸の問題を抱えたりしていました。

マズマニアンはこれらの症状のいくつかが、マイクロバイオームの変化によって過剰に生成された、4－EPSと呼ばれる分子に起因しているようだ

★2　人並み外れた独創性を発揮する研究者に贈られる奨学金制度、またの名を天才助成金。

と発見しました。通常の子どもマウスに4-EPSを注入することで、自閉症と似た症状が再現されたのです。また、これらのマウスにバクテロイデス・フラジリスをプロバイオティクス菌株として与えると、胃腸の問題や認知障害を含むいくつかの症状を治すことができました。[6] ここでバクテロイデス・フラジリスを買いに行く前に、心に留めておいてほしいことがあります。それは特定の生物種（この場合はマウス）に有益に働くひとつの細菌株が、別の生物種、たとえばヒトには致死的に作用することがある、ということです。人体に対する臨床実験が完了するまでは、自閉症治療のプロバイオティクスを摂取することは時期尚早であり、危険すら伴うでしょう。

そうは言っても、脳内を含む特定の状態の原因となる化学物質を分離し、その化学物質を生産・除去している細菌を同定できるというアイデアが実現可能かもしれないと考えると、とてもわくわくします。

私たちの腸内細菌は、私たちの行動や考え方にも影響を与えます。ときには私たちの遺伝子が腸内細菌を決めることもあり、今度はそうした細菌群集が私たちの行動に影響するのです。これは、Tlr5と呼ばれる遺伝子を欠損したマウスではっきりと実証されており、Tlr5の欠損はマウスを過食と肥満に導きます。Tlr5欠損マウスは空腹感を与える細菌群集を持っているため、食べ過ぎて太るのです。細菌が要因であることを、私たちは別々の2つの実験で証明しました。Tlr5欠損マウスの細菌群集を他の遺伝的に正常なマウスに移植すると、過食を起こし肥満になるというのが1つ目の実験で、抗生物質を投与してTlr5欠損マウスの細菌群集を除去すると、食欲が正常に戻るというのが2つ目の実験です。遺伝子操作によって宿主の行動に影響を与える腸内細菌を作り出せて、そして、その腸内細菌を別個体の腸に移すことで、正常な宿主の行動を変えてしまえる。これは驚くべきことです。[7]

食欲だけが細菌群集の影響下にあるふるまいなのではありません。不安もそのひとつです。遺伝的に異なる2系統のマウスのあいだで細菌群集を交換すると、不安テストの結果も入れ換わります。不安を感じやすいマウスの細菌群集を不安を感じにくいマウスに移植すると、後者は不安を感じるようになりました。同様に、不安を感じにくいマウスの細菌群集を不安を感じやすいマウスに移植すると、後者は落ち着くようになったのです。[8] スウェーデンのカロリンスカ研究所の微生物学者スヴェン・ペテルソンは、この反応をテストするすばらしい方法を考え出しました。

ペテルソンは、無菌マウス（自分の細菌を持たないように無菌環境で飼育されたマウス）のほうが正常なマウスよりも高い不安を感じることを確認していました。そこで、正常なマウスの細菌群集を生まれて間もない無菌マウスに移植すると、生後の数日以内に正常なマウスと同じように行動し始めたのです。対照的に、細菌群集の定着がほんの数週間あとになっただけで、彼らは無菌マウスと同じように不安を示しました。このように、少なくともマウスの場合、細菌群集は幼少期の行動を不可逆的に変えるよう作用するのです。[9]

特定のプロバイオティクスもまた、マウスとヒト双方の行動を変えることがわかっています。プロバイオティクスと行動、特に不安とうつ病とを結びつける研究は、今や500報告以上もあります。たとえば、プロバイオティクスのラクトバチルス・ヘルベティクスは、マウスの不安を軽減することができますし、[10]ラクトバチルス・ロイテリは、ストレスを受けたときにマウスが感染症にかかる可能性を下げることができます。[11]ラクトバチルス・ラムノーサスGGは、ビー玉を繰り返し運ぶなどの異常な反復行動を減らすことが報告されています。[12]前に自閉症に関するセクションで述べたように、バクテロイデス・フラジリスのプロバイオティクス菌株は、認知障害を含むいくつかの自閉症様の症状からマウスを救うことができます。[13]

腸内細菌によるマウス治療は非常にうまくいっていますが、いつかは人間だって良くしたい、と誰だって思うでしょう。それこそが、生命医科学（バイオメディカルサイエンス）が追求している目標です。現に、いくつかのプロバイオティクスの臨床試験が成功しています。過敏性腸症候群のための市販のプロバイオティクスVSL#3とLCR35、[14,15]幼少期のセリアック病のためのビフィドバクテリウム・インファンティス・ナトレンといった例がありま す[16]（過敏性腸症候群とセリアック病はしばしば大うつ病を伴い、いくつかの研究ではセリアック病患者の40%はうつ病であることが報告されていて、腸脳相関が示唆されます）。また、プロバイオティクスを使用して慢性疲労症候群を緩和したという報告が少なくとも1件あります。[17]さらに、ビフィドバクテリウム・ヘルベティクスとビフィドバクテリウム・ロンガムの混合物が健康な被験者の機嫌を良くしたという例があります。[18]この研究はまだ初期段階ですが、細菌群集を操作することで心理に与えられる影響についての証拠は、人間においてもたいへん有望視されています。食生活を変えると気分も変わる、というのは誰もが経験することです。食生活を変えると細菌群集も変わるので、細菌が気分の変化の一要因になっている可能性は十分にあるでしょう。

もし細菌群集が私たちの健康や精神状態を変える力を持っているのなら、次に浮かんでくる問いは、「私たち自らが細菌群集を変えることで健康を高められないのか？」です。

サイドバー

細菌研究の歴史

17世紀の後半、オランダの都市デルフトはこれまでになく重要な場所になっていました（そのときが最初で最後）。そこではデルフトウェアと呼ばれる中国製磁器の模造品が製造され、新たな貿易で大きな利益を上げていました。画家のヨハネス・フェルメールが創造した鮮烈な作品は、彼の死後の数世紀を経て、現存するもっとも貴重な絵画のひとつとなりました。しかし、もっとも重要なのはアントニ・ファン・レーウェンフックというしいち織物商の趣味でした。

かご職人の息子に生まれたレーウェンフックは織物商人に弟子入りして初めて虫眼鏡に出会い、それを使って商品を検査していました。彼を魅了して止まなかったのは、生地ではなく検査に使っていた虫眼鏡のガラスでした。レーウェンフックはガラスに息を吹いて拡大レンズを研削することを修得し、独学で顕微鏡を作成し、極小の秘密の世界に仲間入りしました。水の中を泳ぐ小さな生き物を見つけ、アニマルキュール（小さな動物の意）と名付けます。これが微生物学の始まりでした。

そのニュースが広まるのには数百年もかかりましたが、それはまた同時に、医学の迷信の終焉を告げる瞬間でもありました。レーウェンフックの時代には、四体液説《よんたいえきせつ》と瘴気説《しょうきせつ》を中心にして病気が理解されていました。四体液説とは、周期表、星占い、そして診断チャートの混合物で、黒胆汁、黄胆汁、粘液、血液という人間の4つの体液はそれぞれ、土、火、水、空気という4つの基本要素と対応しているというアイデアに基づくものでした。病気や感情は、体液の不均衡に起因すると信じられていたのです。したがって、治療とはこの体液のバランスを回復することであり、患部の血を外部に出す瀉血《しゃけつ》やカッピング療法（球状の容器で患部を吸い出し鬱血状態にする）といった血液浄化が主な治療法で、運が良ければ食事療法だけ、といった具合でした。また病気は、腐敗した体という沼地の靄《もや》のように淀んだ空気、つまり瘴気によって伝染すると考えられていました。体液説と瘴気説という考え方は、病気は神罰であるという神秘的な理論よりも合理的だっただけではありません。蚊が病気を媒介することを知らなくても、沼地の夜気を避ければよい、といった実用的で有用なアドバイスになるものでした（マラリアという病名は中世イタリア語で「悪い空気」を意味する“mala aria”から来ています）。しかし、こうした考えは間違っていました。

1670年代に入ると、レーウェンフックは自作の顕微鏡で病気のメカニズムを解明しました。彼の最初のアイデアは、定期的に歯磨きをする人とそうでない人の口腔衛生の違いをアニマルキュールによって説明できるかどうか観察することでした。彼はまず、自分と2人の女性（彼の妻と娘だと考えられています）の歯からサンプルをこすり取りました（この被験者の選定方法は、現在の大学治験審査委員会では確実に認められないでしょう）。そしてデルフトの街に出た彼は、自分の歯を一度も磨いたことがないという男性を2人見つけます。この2人から得たサンプルの中に、人体に関連する細菌が初めて見つかったのです。

レーウェンフックは1680年代までに身体の各部分にはそれぞれ異なる細菌がいること、子どもと大人の体内にいる細菌が違うことを発見しました。また、彼はお腹を下している真っ最中に自分の便を研究し、細菌と特定の病気とのあいだに関係があることを示し、ジアルディア属と考えられる寄生性の真核生物の記述を残しました。北米の自然愛好家のあいだでは古くから「ビーバー熱」として知られている病気の原因です。

（レーウェンフックは精子を顕微鏡で観察した最初の人物でもあります。その功績はたいへんにすばらしいものですが、当時はそれほど関心を集めませんで

した。観察に用いたサンプルは自慰によってではなく、彼ら夫婦のベッドから採取した新鮮なものだと彼は保証したのですが）

病気が人から人へと伝染するのには何らかの伝染性物質が関係しているという考えは、レーウェンフックよりも前から存在していました。それではなぜ、彼の発見がすぐに「伝染病は微生物による」という学説につながらなかったのでしょうか？　ひとつにはおそらく、彼が用いた顕微鏡の倍率では細菌を見分けるのが難しかったという理由があるでしょう。もうひとつの理由は、レーウェンフックは作成した顕微鏡を他の人と共有することはあっても、広く販売することはなかったし、当時最高レベルのレンズの作り方を他人に教えることもなかったからでしょう。彼は墓場までその秘密を持って行ったのです。

自然発生説という、間違っているのに説得力を持って蔓延《まんえん》した考え方も、細菌説の発展を妨げました。ラッパスイセンの花に露が滴るのと同じく、土壊からミミズが飛び出てきたり肉からウジが湧き出たりするように、生命は無機物から生まれる。そう広く信じられていたのです。この説のもとでは、病気によって細菌が変化したとしても、それを重要だとは考えないでしょう。発疹や膿疱《のうほう》などの症状と同じく、病気そのものによって細菌が作り出されたのかもしれないからです。

レーウェンフックから200年ほど経ってようやく、感染症の現代的理解に結びつくパズルの重要なピースが集まることになります。

1847年、ハンガリーの医師イグナーツ・ゼンメルワイスは画期的な研究を行ないました。出産時、医師が他で死体と接触がある場合には、赤ちゃんを取り上げる前に手を消毒すると、母親の死亡率が大幅に低下するというものです。しかし、当時の医学界はゼンメルワイスの発見を嘲笑しました。彼はウィーン総合病院第一産科病棟での地位を失い、さらには精神療養所に追い込まれて暴行に遭い、そこで間もなく（皮肉なことに）致命的な感染症を患ってしまいました。

ゼンメルワイスの発見から7年後、イギリスの医師ジョン・スノーが、コレラは飲料水を媒介して多発すると指摘しました。それまでコレラは大気汚染によって発生すると信じられていたのです。ロンドンで大流行したコレラの感染源を追跡した彼は、ブロード・ストリートにあるひとつのポンプに辿り着きました。官僚制度は今と同じだったにもかかわらず、ポンプが撤去されたのはコレラ流行が終息したあとになってからでした。後の委員会の報告書の中で、スノーの理論は却下され、瘴気が原因でコレラ大流行が起きたことは「疑えない」と結論づけられています[1]。

こうした現象をすべて説明する仕組みを提案したのは、フランスの化学者で微生物学者のルイ・パスツールです。1859年、パスツールは無菌環境で栄養だけ添加された溶液をフラスコに入れて密閉し、その中で生命が自然発生しないことを証明しました。フラスコが壊れ、中の溶液が空気中の細菌に触れた場合にのみ、細菌の増殖が起こりました。この実験から、感染症の原因は細菌であるという細菌説が生まれました。

1865年には、パスツールの論文を読んだジョゼフ・リスターというイギリスの外科医が患者の生存率を劇的に高める消毒方法を開発しました。この方法と抗生物質を併せることで、現代の手術が確立されていきます。

1877年、ロベルト・コッホがある特定の病気とある特定の細菌を結びつける規則を初めて論文にして発表しました。細菌が病気の原因であることを証明するためには、病気にかかっているすべての人の中には存在し、健康な人には存在しない細菌を見つけなければならない、というのが彼の考えでした。さらにその後、不純物のない培養液の中で、病原性が疑われる細菌を増殖させ、その培養サンプルを用いて健康な宿主を感染させることが必要です。病原性細菌を確実に同定するためには、新たに罹患《りかん》した人からサンプルを採取して培養し、それが元の病原性細菌と一致する必要があります。

このコッホの原則に従って、特定の細菌が病気を引き起こしていることを証明できた場合に初めて、その細菌が病原性であると証明できたことになるわけです。しかし、それは容易ではありません。病気を感染させられても大丈夫だという被験者を探すことが難しいように、そういう実験を許してくれる大学の治験審査委員会を見つけることは不可能です。だからこそ、現代のDNAシークエンシング技術は非常に重要なのです。その技術を使えば、被験者を病気にすることも、実験室内で細菌を培養することもなく、私たちの体内に存在する無数の細菌を解明できるのです。

第5章

細菌群集をハックする

私たちのためであろうとなかろうと、細菌群集が宿主である人間に及ぼすさまざまな影響を考えると、こう問いかけてみてもいいでしょう。「自分たちでもっと良い細菌群集を作れないだろうか?」と。

それはきっと可能なはずです。私たちは日々常に細菌群集を変化させていきます。穀物類とタンパク質の食事バランスを改めてみたり、アルコールの摂取量を変えたりすると、細菌群集は変化していきます。抗菌石鹸を使用したり抗生物質を飲んだりしても、変化します。

しかし、そうした変化を意図的に引き起こすとしたら、どうなるでしょうか？　特定の細菌に焦点を当てた薬剤とは、どんなものになるでしょうか？　細菌群集を庭の芝生みたいなものだと考えるとわかりやすいでしょう。[1] 目の前に、よく茂ってはいるけれど多様性のない庭があるとします。草の中にクローバーが少し生えています。その庭を見栄え良くするために、芝がクローバーよりたくさんある状態を維持しつつ、もっと土壌を豊かにしたいと考えるかもしれません。そこで、プレバイオティクスの出番です。

プレバイオティクス

「プレバイオティクス」という言葉を聞いたことがない人もいるでしょう。プレバイオティクスとは、細菌にとっての肥料のようなもので、必要とされる栄養や、有益な細菌種に好都合な物質を供給します。プレバイオティクスのほとんどはいくつかの果物や野菜に天然に含まれるフルクタン（たとえばイヌリンや、ラクツロース、美味しそうなガラクトオリゴ糖）のような水溶性の食物繊維で、これらは大腸に住んでいるルミノコッカス・グナバスといった細菌によって酪酸などの短鎖脂肪酸に変換され、腸を覆う細胞の栄養になります。[2] 健康を促進する細菌を刺激することで、プレバイオティクスはかつて私たちの祖先が食べていたような、天然の繊維質が多く含まれる食事の効果を一部再現していると考えられています。

プレバイオティクスの明確な定義は、残念ながらありません。国際プロバイオティクス・プレバイオティクス学会によれば、プレバイオティクスとは「限られた数の細菌の生育や活動を選択的に刺激することで宿主に対して有益な生理作用を引き起こす、消化されない物質」です。[3] プレバイオティクスがクローン病[4]や便秘、[5] インスリン抵抗性[6]に対して有効なことをランダム化比較試験によって示した臨床研究[7]（もっとも信頼性が高い実験手法）はいくつか報告されていますが、その他の臨床試験のほとんどはまだ安全性を証明する段階にあります。また、こういった試験の被験者数は少ないので、プレバイオティクスという観点から私たちがすべきことを引き出すには、まだ信頼性が足りていません。

プロバイオティクス

さて、庭の芝生はしばらくのあいだは青々と茂っていましたが、とんでもないことが起こります。洪水に流されたり、雑草やタンポポが生えすぎたりするのです。そんなときはどうしたらよいでしょうか？　選択的に種を選んで植え直すときかもしれません。

プロバイオティクスは主に、ヒトの腸内で自然に見つかったり、またはヨーグルトなどの発酵食品に入っていたりする細菌です。ビフィドバクテリウムやラクトバチルスのような種が例として挙げられます。プロバイオティクスの定義は、「十分な量を投与すると健康に有益な生きた微生物」です。プロバイオティクスは「良い細菌」または「有用な細菌」とも呼ばれ、栄養補助食品（サプリメント）、ヨーグルト、坐薬といった形で手に入ります。細菌の単一菌株が含まれているプロバイオティクス製品もあれば、細菌や真菌のカクテルからなるものもあります。アメリカ食品医薬品局（FDA）はまだプロバイオティクス製品の健康上の有効性を承認していないため、食品サプリメントとして市販されています（買う人は注意してください！　以下参照）。

細菌群集のゲノム読み取り能力が向上するにつれて、ここ数年は関心が高まってきており、プロバイオティクスについていくつかの臨床試験が行なわれてきました。小児の下痢[8]および成人の過敏性腸症候群[9]に対してプロバイオティクスの予防ないし治療効果を裏付ける、有力な証拠が見つかっています。今後は、壊死性腸炎と呼ばれる未熟児の重い腸の病気を予防あるいは軽減するために応用されることが有望視されています。その他の将来的用途に、肥満の治療、コレステロール値の低下、過敏性腸症候群のコントロールといったものがあります。プロバイオティクスが及ぼす効果は、抗菌性化合物の生成から、栄養素やプレバイオティクスとの競合による有害細菌の排除まで、とても幅の広いものです。興味深いことに、プロバイオティクスが効果を発揮するのに必ずしも腸内で生き残る必要はなく、そこを通り過ぎながら腸内細菌のふるまいを変化させることもあります。[10]

プロバイオティクスの現状の問題のひとつは、確かな研究成果を上回って誇大な広告が流布していることです。

最近のスーパーマーケットのプロバイオティクス売り場を見たことがありますか？　コロラド州ボルダーにあるうちの近所のホールフーズ・マーケッ

トが極端なのかもしれませんが、そこの壁一面には腸の健康を改善するとされている細菌由来の製品が並べられています。しかし残念ながら、それらに含まれる細菌（株）が誰にでも有効であるという実際の証拠はありません。こうして細菌がたくさん分離されることになった当初の方針はもっともなものですが（たとえば酪酸のような短鎖脂肪酸を産生するなど）、ほとんどの場合、そのような化合物が体内で本当に生成されていて、有効に働いていることが保証されているわけではありません。スーパーの棚に陳列され買えるようになった製品の中に、生きている細菌が含まれているかどうかも不明です。細菌の生存条件はとても特殊だからです。

最大の問題は、どんなプロバイオティクスでも効果があるだろうと多くの人々が決めてかかっていることです。他の場合には考えられないことです。友人や家族にこう言ったとします。「気分が良くなくて、薬を飲んだらと言われたので、飲んだんだ。そしたら、良くなった」。すると、次にこんな質問が続くでしょう。「どんな薬を飲んだ?」「どうして他の薬ではなくその薬を飲んだ?」「自分の症状にその薬が作用するという証拠はある?」あるいは「どこでその薬を買った?」

こうした質問はプロバイオティクス(または、他の細菌群集をもとにした療法)についてはあまり尋ねられません。私はちょうど最近、家族のひとりとこれによく似た会話をしました。彼女は大量の抗生物質を摂取したあとに過敏性腸症候群(IBS)を発症し、それを治療するために、2種類のプロバイオティクスを試したけれど効果がなかったと言いました。どのようにプロバイオティクスを選んでいるのかと尋ねると、彼女は、一方は友人の勧めで、もう一方は薬剤師の勧めを受けて選んだと答えました。そこで私は、ランダム化比較試験によってIBSに効くと示唆されているものを試したらどうかと彼女に提案しました。[11] 彼女はずいぶん高価だと文句を言いましたが、翌日、以前に服用していたものと比べて驚くほど効果があったと教えてくれました。

それからほぼ1年経った今、プロバイオティクスのおかげで彼女のＩＢＳはコントロールされています。

これはあくまでもひとつの逸話にすぎませんが、医学的な問題については科学が力を発揮するということを裏付ける話です。したがって、医師や薬剤師に、ランダム化プラセボ対照試験（くり返しですが、もっとも信頼できる試験です）を根拠にしているプロバイオティクスを勧めてほしいと言ってみる価値はあります。それが無理なら、科学誌に載った最新の研究成果を自分で調べてみてもよいでしょう（本書の執筆時点では、それに関するデータを集めた患者向けの資料はありません）。それもできなければ、生きた菌の入ったヨーグルトです。それなら無害の可能性が高く、よく効いたという人もたくさんいます。しかし今までに報告されている限られた数の臨床試験データでさえ、ヨーグルトの種類によってその有効性が大きく異なることを示しています。[12]

糞便移植

しかしときには芝生を刈り取り、新たな芝を植えなければならないことだってあるでしょう。

深刻な胃腸の病気を患っている人は、文字通り死ぬほど便をすることもあります。クロストリジウム・ディフィシルと呼ばれる細菌の引き起こす下痢が、そのひとつです。この病気を患うと日に数十回もトイレに行くはめになり、命取りになることもしばしばです。アメリカでもっとも流行している院内感染病のひとつでもあり、毎年33万7000人が感染し、そのうち1万4000人が死に至っています[13]。

菌に対する抗生物質を摂取している人も多いのですが、治療はあまりうまくいきません。この抗生物質を補う、もしくはそれに取って代わろうとしているのは、健康な人から患者に細菌を移すという治療法です。根治的・実験的なものに「糞便移植」があります。行なうことはまさにその名の通り、たいていは身内の健康な人から糞便のサンプルを提供してもらい、それを薄めたものを患者に投与するのです。糞便移植には、上から行く方法と下から行く方法と、2つあります。どちらの方法でもクロストリジウム・ディフィシル腸炎患者の90％に効果が見られています[14]。

ともにミネソタ大学で働く微生物学者のマイク・サドウスキーと内科医のアレックス・コルツと私が行った共同研究から、初期のクロストリジウム・ディフィシル腸炎の患者の糞便の中に、健康な人には見られない細菌コミュニティがあり、表皮や膣にあるコミュニティと似ていることがわかりました。しかし、糞便移植をしてから数日で患者たちの腸内細菌は健康な人と似た状態になり、症状は消え去りました。糞便移植は細菌のエコシステムを丸ごと復元する力を持つのです。糞便移植はこれまでクロストリジウム・ディフィシル腸炎のような深刻な病気の場合にしか試されてきませんでしたが、その有効性は目を見張るもので、他にも糞便移植が有効な状況がないか、研究者は大きな興味を示しています。先述したように、実験環境でなら糞便移植でマウスの肥満が治ることが確認されています。この発見をヒトの治療に適用できるかどうかとても期待されています。

ワクチン

庭のたとえを続けましょう。そもそも最初から芝生を病気から守ることはできないのでしょうか。

ワクチン接種は知られているかぎりもっとも効果的な公衆衛生のひとつです。ワクチンは対象となる病気に少なくとも90%の効果があり[15]、浄水技術を除けばどんなイノベーションよりも多く世界中の生命を救ってきました[16]。

ワクチンは公衆衛生における人類最大の勝利です。ふつう子供のころにたった1度か2度接種するだけで、その後一生その病気を予防してくれます。天然痘《てんねんとう》は少なくともファラオの時代から人類とともにあり[17]、数百万人もの命と、数百万人もの視力を奪ってきましたが、ワクチンの登場により今では撲滅されています[18]。

ワクチンはとても「特異的」です。特定の細菌（普通はひとつの種や株）に対する免疫機能だけを鍛え、それ以外の良い細菌は標的としません。これまで、ワクチンは第一に個別の病原体に対して使用され、当然ながらもっとも厄介な病気から取り組んできました。しかしワクチンの種類が増えるにつれ、（子宮頸がんの原因として知られるヒトパピローマウイルスのような）感染後すぐにではなくその数十年後に死に至らせるような細菌やウイルスがターゲットになってきています。

ワクチン接種が行なわれていない種々の病気について、特定の細菌が役割を演じているとわかり始めている今なら、そういった病気に対するワクチンを作れるのではないでしょうか。たとえば、心血管疾患の原因となる化学物質トリメチルアミン-N-オキシドを生産する細菌や[19]、大腸がんの腫瘍に見られるフソバクテリウム・ヌクレアタム[20]に対して、もしくは、不健康な食事からとても効率的に、おそらく効率的すぎるくらいにエネルギーを取り出し、私たちを肥満にしてしまう腸内細菌[21]に対してさえも、ワクチンを開発できないでしょうか。現時点では、これらはすべて単なる問いにすぎませんが、その潜在的な可能性は計り知れません。

うつ病や心的外傷後ストレス障害（PTSD）に対するワクチン接種はどうでしょうか。世界保健機関（WHO）によると、現在のアメリカでうつ病は障害を引き起こす原因の第1位であり、途上国でも急速に広まりつつあります。うつ病率の上昇は、炎症性腸疾患、多発性硬化症、糖尿病といった西洋特有のものと考えられている他の病気の発生率上昇と一致しており、これらの病気すべてが免疫と細菌の両方に関係していることがわかっています。免疫系を調節してくれるにもかかわらず疎遠になってしまった土壌細菌が影響しているのでしょうか。マウスの実験では、土壌細菌のマイコバクテリウム・バッカエが不安を軽減しました。興味深いことに、社会的ストレスを与えた状況下（小さなマウスと、そのマウスを攻撃するような大きく強いマウスを同じかごに入れます）において、マイコバクテリウム・バッカエを施した小さなマウスははるかに強いストレス耐性を持つことがわかっています。[22] この結果はヒトのストレス障害に対する治療モデルになるかもしれません。ロンドン大学の微生物学者グラハム・ルックと、アリゾナ大学で研究している精神科医チャック・レーゾン、コロラド大学で統合生理学を教えているクリス・ローリーの3人は、マイコバクテリウム・バッカエをもとにしたワクチンの作製に成功したと数年前に発表し、[23] 将来の可能性を示すマウスモデルのデータをいくつか提出しています。

第6章

抗生物質

細菌が生活のあらゆる部分において不可欠かつ複雑な役割を果たしていることを学んできた以上、私たちは次のように自問しなければなりません。抗生物質を頻繁に使用するのははたして賢明だろうか？

アマンダと私が生後数日の娘を初めて医者に連れて行ったときのことです。治療中のライオンにかけた麻酔が不十分ではないかと心配する動物園の歯科医のように、小児科医は細心の注意を払って質問しました。「ワクチンについてはいろんな意見があります。それでも、ワクチンを使用しますか？」

アマンダと私は顔を見合せたあと、「ワクチンはすべてCDCスケジュールに従って受けさせていただきたいと思います。ご丁寧にありがとうございます」と言いました。米国疾病対策予防センター（CDC）は小児予防接種の推奨スケジュールを発行しているのです。

私は小児科医を責めません。彼女はただ自分の患者たちが住む地域社会の中での（馬鹿げた）懸念に敏感だっただけなのです。私にとっては癪《しゃく》に触ることですが、ワクチンについて心配している人はたくさんいても、抗生物質について心配している人はほとんどいないのです。

私たちの娘が生まれたときに起こったことを考えてみましょう。計画外の帝王切開を受ける直前に、アマンダは抗生物質を投与されました。娘が誕生して数分後、医師は抗生物質の滴を彼女の目に入れました。私たちに聞きもしないで、彼らはそうしたのです。これは乳児が結膜炎になる原因となる性感染症の淋病《りんびょう》から乳児を防ぐために施される標準的な治療法です[1]。私たちは淋病持ちではないと確信していましたが、しかし重要なのは、その滴が抗生物質だと私たちが治療のあとで知ったことです。抗生物質は至るところで用いられ、必ずしも常に投与前にその使用が開示されているわけではありません。ワクチンに関するほとんどの懸念は科学的に根拠がないか、完全に反証されているにもかかわらず、人々はワクチンについて気を揉んでいます。たとえば、特定のワクチンが自閉症の原因となっているという報告は完全に反証され、そのことを主張した論文は学会から撤回されていて、論文の筆者は故国のイングランドで診療することを禁じられています。[2] もちろんワクチンにはリスクがありますが、それらは十分に明らかにされており、しかも非常に小さいのです。一般的には重篤な症状となる確率は100万分の1です。[3]

逆に、一般的にはワクチンより抗生物質のほうがはるかに効果が少ないという事実にもかかわらず、抗生物質を拒否する人はほとんどいません。ワクチンは多くの病気に対して少なくとも90%の効果を上げ続けていますが、抗生物質の効果は下がってきています。原因のひとつは、抗生物質の誤用や過剰使用であり、それによって抗生物質に対する細菌の耐性が急速に広がってしまうからです[4]。これについては、ニューヨーク大学医療微生物学科のマーティ・J・ブレイザーが、自著の『失われてゆく、我々の内なる細菌』（山本太郎訳、みすず書房、2015年[5]）の中で雄弁に概説している通りです（ありのままの事実を述べておくと、アメリカの病院で感染を引き起こす細菌の70％以上が、その感染病を治療するために通常使用される少なくともひとつの抗生物質に対して耐性を身に付けています[6]）。ブレイザーの主張では（そして多くの人の同意するところでは）、抗生物質は化学兵器のナパーム弾に匹敵するほどのものです。私たちの体内に住む無数の細菌にダメージを与え、まだおぼろげな理解で細菌が残してくれる遺産を破壊し、健康と社会に重大な悪影響をもたらします。

抗生物質は本質的に、人間よりも細菌に対して強い毒性を示します。細菌は私たちと生化学的に違うところがたくさんあって、タンパク質を製造するリボソームのように、細菌と人間のあいだでも共有している分子の形が違うといった形で現れることもあります。他には、細菌にあって人間にはない分子マシンといった違いもあり、細菌の細胞壁を合成する酵素に対応するものは、哺乳類の細胞にはありません。抗生物質がターゲットにするのは、そうした細菌内でのタンパク質合成や細胞分裂、細胞壁の合成や細胞内への栄養素の輸送などの基本的なプロセスです。抗生物質は細菌の細胞壁や細胞膜に穴を開けることがあり、その場合、食料品を入れた袋が破けたようにして、細菌の生存に必須の成分がそこから漏れ出します。[7]

抗生物質は細菌が生きていくのに不可欠なプロセスだけを標的とし、私たちの細胞にはほとんど手をつけないため、比較的安全な薬だと言えます。しかし危険もあります。抗生物質は細菌の良し悪しにかかわらず殺してしまったり、細菌に出し抜かれたりもするのです。病原菌は抗生物質に適応可能で

抗生物質
良い細菌
悪い細菌
死んだ細菌

す。細菌群集は急速に繁殖していくので、環境からの進化圧に迅速かつ柔軟に対応することができます。抗生物質はちょうどその進化圧にあたります。さらに悪いことに、抗生物質にさらされたことがある細菌の中には、さらに迅速な対応を取るものもいます。私たちは抗生物質を一から作るよりも、環境中から発見します。抗生物質として使用される化合物の多くはもともと、土壌環境の中の細菌が伝達物質として使用していたものです。[8]細菌はすでにそういった化合物に慣れてしまっているので、ほとんどの細菌種はすでに抗生物質に対して最低レベルの耐性を持っています。しかも、抗生物質に常にさらされることで、あらゆる細菌種が高レベルの耐性を獲得してしまいます。そこには、私たちが除去したい危険な細菌も含まれるでしょう。

　私たちが心配する必要があるのは何も、ヒトに関連する細菌だけではありません。抗生物質耐性遺伝子は、細菌が「性別」を持つときにもっとも一般的に伝播される遺伝子のひとつです。細菌の交配は極めて乱雑であり、同種間だけでなくはるかに遠い種とも交わります（種外の遺伝物質の交換については１６４ページを参照）。抗生物質を投与された家畜の体内で起こることは、細菌間での交配を通じて最終的には人間に生息する細菌にも生じます[9]。

家畜に対する抗生物質の使用が、人間と同じように病気を治すために行なわれているなら話は別です。しかし１９５０年代に農家の人々は、抗生物質を家畜に投与すると、それが薬用よりも低い用量であっても、家畜の体重増加を大幅に早められることに気づきました。そのためアメリカでは通常、家畜の価値、つまりその体を大きくするためだけに低用量の抗生物質が投与されています。

これは細菌が抗生物質耐性を獲得していく最悪のシナリオです。高用量の抗生物質を投与すると（ほとんど）すべての細菌を殺せますが、低用量だと細菌の抗生物質耐性をほんの少し高めてしまうことがあります。これはつまり、ある特定の細菌が生命を脅かすようなときに、私たちがそれを排除しよ

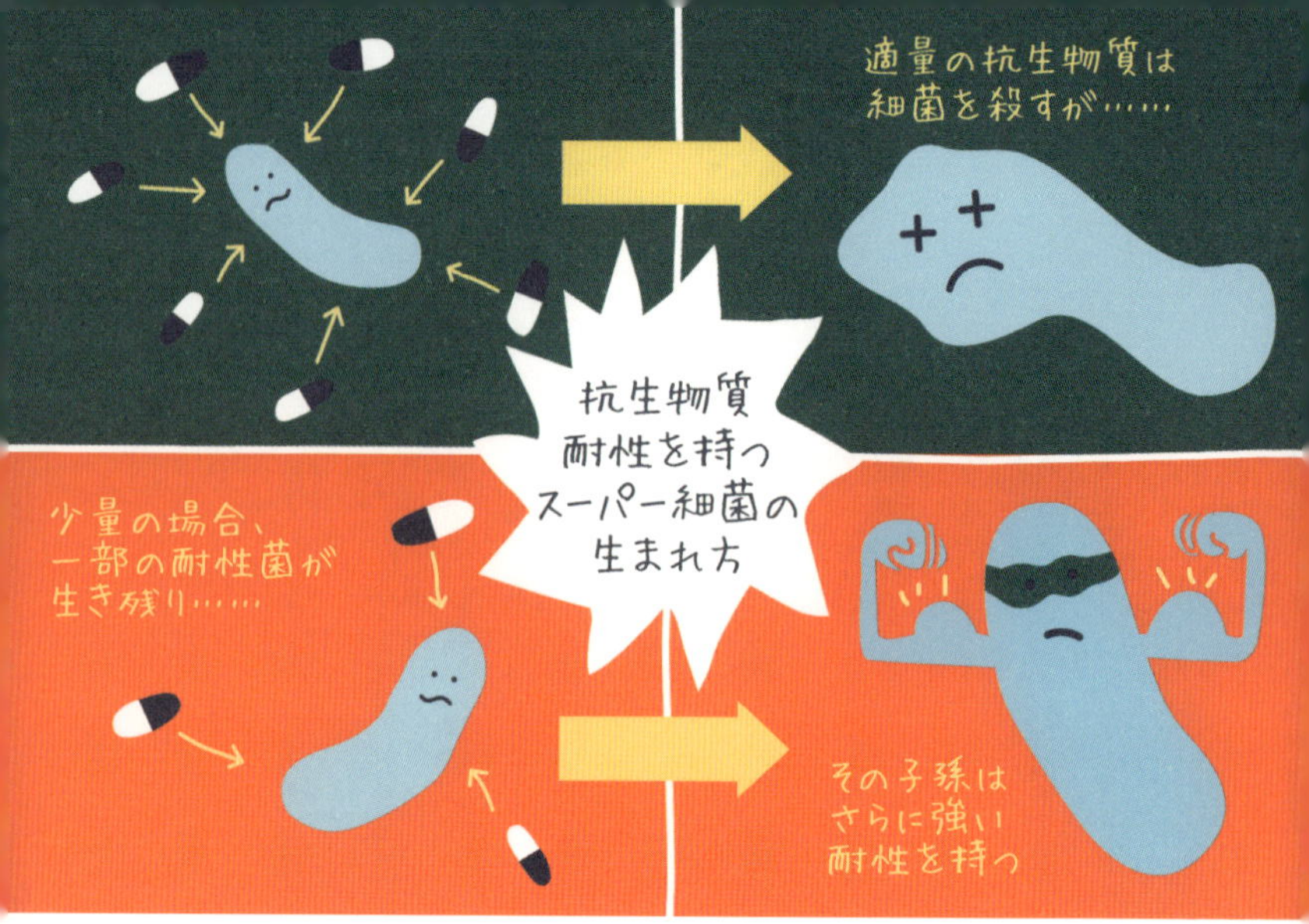

うとしても、細菌はすでにそれを回避するためのツールとスキルを入手していることを意味します。さらにこのような細菌は生き残って農業界全体に広がり、種を飛び越えてヒトに感染する可能性もあります。[10] そのため、欧州連合（EU）は2006年、家畜を肥育させる目的で使用する低用量の抗生物質を禁止しました。

　低用量の抗生物質が家畜を太らせるということは、同じような仕方で私たちヒトも肥えさせられるのでしょうか？　なにしろ、抗生物質の痕跡は飲料水を含むほぼすべての環境中で検出されているのですから。

この考えを検証するために、ブレイザーらは低用量の抗生物質で治療したマウスの体重が正常なマウスよりも増えるのかどうかを調べています。予想通り、低用量の抗生物質は家畜と同様マウスの体重も増加させることが確認されました[11]。彼らはまた、子どもの耳が細菌に感染した際に用いられるような高用量の抗生物質の複数回投与が、マウスに体重増加をもたらすかどうかをテストしました。この答えもイエスでした[12]。この研究から派生して、ブレイザーは疫学者（個々人ではなく集団全体の健康について研究する人々）と協力し、生後すぐに抗生物質を投与された人々が、投与されなかった人々よりものちに体重増加を示したかどうかを調査しました。この答えもまた、イエスでした。特に生後6カ月間にわたる抗生物質の投与は体重増加と関連していました[13]。第2章で見たように、抗生物質は子どもの体内の細菌の発達に深刻な影響を与えます。そのことが、のちのちの肥満に関わっている可能性があるのです。
私が特に心配しているのは、抗生物質が幼児の細菌群集に与える影響です。たとえ短時間であっても、新生児の抗生物質治療は彼らの腸内細菌の組成に著しい変化を引き起こします。たぶんもっと心配なのは、有益な細菌のひとつであるビフィドバクテリウムの正常なコロニー形成を抗生物質が妨げてしまうことです。ビフィドバクテリウムの正常なコロニー形成は、子どもの免疫システムの発達に大きく寄与しています。したがって、幼少期に抗生物質を投与すると、有益な細菌を減らしてしまうことによって、アレルギーおよびアレルギー性喘息のリスクを高めかねません。複数の研究機関によって行なわれた大規模な共同研究によると、生後1年間のうちに行なわれた抗生物質の投与と喘息およびアレルギー性鼻炎（つまり花粉症）との関連、6〜7歳のあいだの投与では皮膚の湿疹といった症状との関連が見いだされています。[14]
また、アメリカでは食物アレルギーを持つ子どもの割合が急激に増加しており、ここに抗生物質の早期投与が関連している可能性があります。シカゴ大学のチームは最近、抗生物質処置された若いマウスはピーナッツアレルギーに似た状態をかなりの確率で発症する可能性が高いことを示しました。これらのマウスにクロストリジウムというありふれた細菌属のある特定の種を投与すると、症状は大幅に軽減しました。投与によって有害なピーナッツタンパク質が血流に入るのをブロックするためのようです[15]。

だからといって、抗生物質を服用してはならないと言っているわけではありません。抗生物質は多くの状況下で唯一の効果的な治療法であり、実際に多くの命を救っています。皮肉なことに、抗生物質の最大の問題のひとつは、しばしば体調がすぐに良くなるということなのです。おそらくこれがワクチンよりもはるかに一般的に受け入れられている理由です。ワクチンは病気になる前に接種し、何年かあとの発病リスクを軽減するものです。だから、その効果はすぐにははっきりとはわかりません。それとは対照的に、抗生物質を病気の際に服用するとすぐに調子が良くなります。しかしこれは実は危険なことで、調子が良くなったあとでも、ふつう体内にはまだ多くの細菌が残っています。調子が良くなってすぐに抗生物質の投与を止めてしまうと、前の投与から生き残った細菌に抗生物質耐性を獲得する機会を与えてしまうのです。つまり、今後同じ種類の抗生物質を服用しても効かなくなる可能性があり、他の人にそういった細菌を感染させてしまうおそれだってあるということです。ですから、処方箋で指示されている分量が終わるまでは、抗生物質の投与量を減らそうとしないでください。いったん始めたならば、治療が終わるまでずっと服用し続ける必要があります。

事態が悪化するのは、病気に対して適切な抗生物質をどう選べばよいのか、その方法論が不確実でもあるからです。この問題を、私は娘が1歳くらいのときに痛感しました。娘はおむつをしているところに再発性のブドウ球菌感染症を患ったことがありました。元日に再発したので、娘を診療所に連れて行ったのですが、かかりつけの小児科医は休暇中でした。代わりに娘を診療した医者は発疹を見て、ブドウ球菌感染症の可能性があると言いました。これまで2回も患っていたので、私たちはその診断は正しいものであると思いました。

彼はまた次のようにも言いました。「でも、この症状は連鎖球菌感染症の可能性もあります。いずれにせよアモキシシリンの投与が最初の治療になります。とにかくサンプルを取って培養してみましょう、そうすれば3日のうちにこの症状が何なのかわかりますから」。処方箋をもらって抗生物質を娘に投与すると発疹は瞬く間に消えました。抗生物質の効果は驚くべきものでした。

1月3日の朝8時に、かかりつけ医から緊急の電話がありました。休暇から戻って検査結果を見てみると、娘の皮膚にいたのはブドウ球菌で、ペニシリン耐性だったと言うのです。アモキシシリンはこのような感染症に対して効果がないので、娘の症状がきっと悪化しているのではと彼は心配していました。しかしアモキシシリンはしっかりとその効用を示しており、1歳という幼さでプラセボ効果があったとは考えられません。

娘の発疹が消えたことを伝えると医師は、ペニシリン耐性についてはテストしているが、アモキシシリン耐性についてはしていないと説明してくれました。この2つの薬は、関係はあるものの、微妙に異なっています。おそらく抗生物質耐性のあるブドウ球菌は表面にいただけで、発疹のそのものの原因ではなかったのかもしれません、と説明も受けました。この経験からはっきりとわかるのは、研究室で行なうことができる最先端の研究と比較して、現在の診断で行なわれている検査がいかに粗いか、ということです。私たちの研究棟のDNAシークエンサーなら、そのような検査をもっと速く精密に行なえます。診療所が悪いのではありません。私たちが研究所で使用している機械や技術はFDA（アメリカ食品医薬局）の承認をまだ受けていないからです。

生命を脅かすものであっても細菌感染を迅速に診断するのは難しいので、標的となる細菌が病気の原因である可能性が低い場合でもたびたび抗生物質が処方されます。細菌感染に不安を抱く患者（やその両親）からの高い要求やプラセボ効果があることも相まって、抗生物質は実際の必要以上にはるかに多く処方されています。そして、これにはある程度の合理性があります。抗生物質の悪影響はすぐにはっきりと現れたりはしないので、低リスクだと考えれば、万一に備えて処方しておけばいいのではありませんか？

しかし抗生物質はじわじわと長期にわたって影響を与えます。服用するたびにその効果がなくなり、抗生物質耐性のある細菌株が繁殖して、人類全体を危険にさらすのです。さらに言えば、アモキシシリンやシプロフロキサシンといった多くの細菌種を標的とする抗生物質は、死滅させるべき病原菌だけでなく細菌群集に損傷を与えてしまいます。こうした弊害をなくすためには、より迅速で正確な診断が必要です。私たちはすでに、ポリメラーゼ連鎖反応（PCR）パネルと呼ばれる、比較的迅速かつ正確に病原菌を特定できる試験技術を持っています。抗生物質が効かないウイルス感染症かどうかを見分けるのに特に役立つ技術です（ウイルスは細菌ではないので、ウイルスに感染した場合には抗ウイルス薬がより適切な治療法となります）。この技術が研究所だけでなく病院で使用されるようになる日が一刻も早く来ることを願っています。

細菌に感染したとき、その有害度や抗生物質耐性を調べるためには、その病原菌を培養し、病原菌が反応する抗体や病原菌のDNA分析を行なう必要があります。調査には数日間かかりますが、重篤な感染症の場合はそれでは遅すぎるかもしれません。マススペクトロメトリー（レーザーでサンプルをザッピングし、そこに含まれる物質の分子量を非常に精密に測定する方法です）やDNAシークエンシングなどの新しい技術は、診断プロセスを加速させ、最終的に多くの人命を救う可能性があります。これらの技術は現在、研究室でしか使用できませんが、あと数年もすれば臨床での使用にも十分に耐えられるものとなり、ＦＤＡの承認も得られることでしょう。私たちの娘の幼いときにこれらの技術を使うことはできませんでしたが、彼女が大人になるころには、きっと診断方法はさらなる進化を遂げているだろうと思います。抗生物質を必要なときにのみ使用し、可能なかぎり選択的に病原菌を標的にできれば、抗生物質の有用性を引き延ばすとともに、体内の細菌群集に与えるダメージを減らすことができるでしょう。

第7章

未来のこと

あなたがこの本を読むころまでには、本書執筆時よりもヒト常在細菌についてかなり多くのことがわかっているでしょう。微生物学の発展は、続けざまに明らかになる新発見と同じく、まさに驚異的です。そうした新発見が増えていくたびに、人間の身体と心の基本的な仕組みについて理解が改められ、より深くなっていくに違いありません。

このわずか数年のあいだにも、ヒトの常在細菌の細胞数がヒト自体の細胞数よりも多いこと、さらにはそれら細菌が持つ遺伝子の数もヒトの遺伝子の数をはるかに上回ることがわかっただけでなく、これまで謎だった健康や病気の問題について細菌がすべて説明してくれるかもしれない、というところまで来ています。特にこの2〜3年で、個人が細菌群集の様子を安価で知ることが可能になり、細菌地図の上に自分のピンを立て、細菌群集という観点で自分と他人との関係を把握できるようになりました。細菌研究は今、スリリングです。そのために綿棒で自分の細菌のサンプルをこすり取るのはたいした手間ではありません。

細菌研究の新しいフロンティアは私たちの身体を越えて広がっています。地球の至るところにいる細菌がお互いどのように関係しているのか、その研究はまだ始まったばかりです。ヒト常在細菌を読み取るのと同じ技術を、ペットや家畜、野生動物、そして地球そのものにも適用できるようになりました。手に入れた新しい知見をもとにして、私たちは健康、動物、そして環境を互いに結ぶネットワークとして細菌を捉えることができます。私たちの外に広がる細菌のミクロな生態系と、私たちの内に広がる生態系の双方を改善する方法もそのうちわかるかもしれません。

今後出現するかもしれない、とてもエキサイティングなブレイクスルーをいくつか挙げてみます。

- 細菌をもとにした検査を行ない、鎮痛剤、心臓病の薬、人工甘味料に対する自分の反応がわかる
- 常在細菌を含むヒトの身体が食事や運動に対して示す反応と、より健康になるために個人がすべきことについて理解が進む
- 糞便移植について理解が深まる。誰の糞便でも等しく効果があるのか、それとも、提供者と患者のマッチングをもっと正確に行なう必要があるのか？　糞便から作られる飲み薬で代用できるのか？

(まあ、こうした見通しにうれしくなるのは微生物学者だけかもしれませんね)

さらに先を見据えると、次のような物議をかもす問題も果敢に追求されていくでしょう。

・マウスの場合と同様に、ヒトの肥満を予防する細菌群集をデザインできるか?

・蚊を追い払う細菌群集を皮膚上に設計することはできるか?(アマンダにとっては急を要する問題です)

・細菌を単に診断だけでなく、関連することがわかっているさまざまな病気の治療に使用することができるか?

この細菌についての発見の旅は、まだ道半ばです。私たちは特定の生態系の中で繁栄している細菌を見つけ出すのはとても得意ですが、たいていの場合、その細菌が何をしているのか、細菌同士で、あるいは私たち人間とのあいだで、どのようなコミュニケーションを取っているのかはまだ知りません。抗生物質を使って病原菌を駆除したり、食事、あるいは他人や動物、環境との接触を通して新しい種類の細菌を取り入れたりすることで細菌群集をかき乱した結果、どんな不測の事態が起こるのかもよくわかっていません。現在の課題の大半は、私たちが日々自分の細菌群集を変化させていて、しかも、ほとんど恣意的に、何の目的もなくそれをやっているということです。微生物学が大きな力を発揮するのは、私たちの体内に完璧に構築されている生態系に望み通りの影響を与えるためには何が必要なのかを理解したときでしょう。

このシステムを構築し始めるために、数百人の科学者が「ヒューマンマイクロバイオーム・プロジェクト」「アースマイクロバイオーム・プロジェクト」「アメリカン・ガット（アメリカ人の腸）」に携り、文字通り数千人の一

般市民がサンプル（糞便）とサポートを提供しています。ヒューマンマイクロバイオーム・プロジェクトはヒトゲノムプロジェクトと同様に、健康な細菌群集の遺伝情報を網羅的に調査するとともに、いくつかの病気にかかると細菌群集がどう変わるかを調べるために立ち上げられました。「アメリカン・ガット」プロジェクトは、この調査をさまざまな健康状態にある多種多様な人々にまで拡大することを目的としています。アースマイクロバイオーム・プロジェクトは、ヒトを超えて地球全

体の生態系の中での細菌群集を研究対象にしようとしています。

この画期的な3つのプロジェクトはすべて、細菌の諸特性を記述するだけだったこれまでの段階から、細菌に基づいて処方する段階にまで私たちの能力を押し上げようとするものです。将来の研究は、ヒトの詳細な細菌地図を作るだけにとどまらず、最終的には一種の「細菌GPS」の制作を目指すことになるでしょう。細菌という世界の中で、私たちは今どこにいるのか、私たちが行きたいのはどこか、そして、どうやったらそこに行けるのかを指し示してくれるはずです。

付録
アメリカン・ガット

他人ではなく、自分自身の細菌群集について知りたい。自分が細菌地図のどこにいるのか知りたい。そう思ったらどうすればよいでしょうか。そんなあなたにひとつご案内です。

2012年の感謝祭シーズン、多くの人が自分の胃腸のことを意識するこの時期に、人類学者のジェフ・リーチと私は「アメリカン・ガット」プロジェクトを立ち上げました。[1] 私や他の研究室がヒューマンマイクロバイオーム・プロジェクトのために開発した技術の多くを、広く一般に提供するものです。

このプロジェクトが可能になったのは、技術の進歩によってDNAシークエンシングが低コストになったからです。ようやく今、熱心な市民科学者のみなさんに、こうした発見に参画する機会をお求めやすい値段で提供できるようになりました。現在、プロジェクトに99ドル以上の寄付をしてくださった方には、特典として、自分の細菌群集に見つかる細菌の情報を手にする権利をプレゼントしています。さらに、少し高くなってしまいますが、高額の寄付をしてくださる方向けに「糞便週間（A Week of Feces）」という特典もご用意しています。このプロジェクトの目的は、みなさん一人ひとりの中にどんな細菌がいるのかを理解することです。

私たちの知るかぎり、「アメリカン・ガット」はクラウドファンディングで運営されているアマチュア科学プロジェクトの中でもっとも規模が大きく、本書執筆の時点で数千人が登録しています。得られたデータはすべて、プライバシーが侵害されない範囲で最大限に公開されており、研究・教育機関や一般の人々が利用できるようになっています。従来の研究では論文として公開されるまでデータは何年も非公開とされることが多かったのに対し、「アメリカン・ガット」ではデータをすぐに公開します。それによってたくさん発見される新しく興味深い関連性を、さらに入念に制御された実験環境で詳しく調査するのです。このプロジェクトの価値は、細菌地図の作成に参加する人の数が増えるほど高まります。

ご寄付をいただければ（ドルでもユーロでも円でもかまいません。世界中から参加いただけます）、サンプルキットをお送りします。ご自分の便を送ってくださってもいいですし、ご家族や恋人、同僚の方にキットをプレゼントしてもいいでしょう。彼らがどんな「クソ野郎」なのかを知るチャンスがついに到来です。

サイドバー

細菌群集マッピングの科学と芸術

微生物についての話が限定的だったり、互いに矛盾するように見えたりするのは、それがロケット工学ではないからです。私の考えでは、微生物学のほうがずっと難しいと思います。

最大の問題は、私たちが見ているものを突き止めることです。DNAの点では、人間はみな、基本的に同じです[1]。しかし、細菌レベルで見れば似ているところは少なくなってしまいます。同じ身体の部位でも、2人の人間を比べると、そこに生息する細菌の種類は大きく異なります（種が同じ場合でも、生息数が大幅に違うことがあります）。無作為に2人を選んで、それぞれの糞便から細菌細胞を1つずつ取り出して検査したとします。双方から同種の細菌が見つかる確率は、およそ10％しかありません。[2] それに対して、同じ2人からヒトゲノムの同じ部分を選び出した場合には、そのDNAは99・9％の確率で一致します。体内の細菌ゲノムがヒトゲノムより多様であるだけでなく、実際の細菌の種類も人ごとに大きく異なっているのです。

細菌群集が個々人のあいだで大きく異なるというのはどういうことなのか、ここで疑問に思われたかもしれません。結局のところ、細菌は細菌、ラクトバチルスはラクトバチルスじゃないか。真実は必ずしもそうではないのです。体内に何種類の細菌がいるかは、調査の仕方によって変わってきます。多様性を見極めるためには、単に数えていくだけでは不十分なのです。見つけられる細菌の種類は、どれだけ細かく探すかによるからです。池の中の魚を数えるようなものだと思ってください。ある日の昼下がりにそこで魚が3匹釣れたからといって、それが池の残りの魚全体を代表しているとは言えません。マスが2匹にバスが1匹釣れたとしても、その池にいるのはマスとバスだけで、その比率は2対1であるということにはならないのです。獲れる魚の種類は、釣る時期と釣る方法、池を訪れる回数によって変わります。

ひとつの細菌種が何によって構成されるのかを定義しようとすると、問題はさらに複雑になります。動物の場合は比較的簡単です。2つの動物が交配できて、生殖能力のある子孫を残すことが可能なら、両者は定義上同じ種に属することになります。しかし、細菌は通常交尾しません。したとしても、異なる種と遺伝情報を交換します。たとえば細菌は、異種の細菌や古細菌にくわえ、真核生物のように自らと大きく異なる種とも遺伝情報を交換することが知られています。魚が水草やアメンボと交配し、うまくいったところを想像してみてください。他にもひとつ問題があります。研究室で育てられる細菌はごくわずかなのですが、そうしなければ公式にその種に名前を付けて記述を与えることができないのです。珍しい深海魚を捕らえても、釣り上げる前に破裂してしまって、種を同定できないような事態に似ています。

ただし、回避策はあります。研究室で育てられる細菌種は少なくても、それらを捕獲してDNAを分析することはできます。そのDNAから、異なる種と見なすにふさわしい多様性がそれぞれのゲノムに備わっているかどうか確認するのです。種という概念を完全に放棄して、その代わりに系統樹を用いて多様性を測ることもできます。ダーウィンが描き、のちにウーズとフォックスによって更新された、生命の枝分かれ図のようなものを使うのです。系統樹の広い範囲にわたっている細菌群集は、多様性が高いと考えられます。この方法の利点は、3種類のマスがいる池よりも、マス、バス、そしてコイが1種類ずついる池のほうが多様性が高いと言えるところです。

最後に、細菌種の数が全部でいくつかあるかにだけこだわるのか、それぞれの種の個体数が他の種に比べてどれくらいいるのかも知りたいのか、どちらかを選ばなくてはなりません。この選択が重要なのは、目の前の種の数だけを数えると、マス1匹、バス1匹、コイ1000匹の池の多様性と、それそれが1匹ずついる池の多様性が、同じということになってしまうからです。生態系のどの側面を観察するかによって、うまくいく場合もあるでしょうが、うまくいかない場合もあります。ひとつの生態系の中の何を多様性と見定めるのか、たくさんの判断が必要とされるのです。

さて、その次は、生態系同士、つまり私たちの体内に生息する細菌群集を互いに比べてみようと思うかもしれません。そこで、微生物学者が使うのはUniFrac[3]（unique fraction＝固有の断片）という、細菌群集が分岐した進化的な歴史を推定する道具です。UniFrac技術を開発したのは、私が初めて指導した大学院生のひとりで、今はコロラド大学のアンシュッツ医療キャンパスで教えているキャシー・ロズポーネ。彼女の博士論文の中でそれはエレガントに記述されています。UniFracを使って、まずは細菌群集を系統樹の上にプロットしていきます。そして、主座標分析（PCoA）という統計手法によって、集団同士の異なり方の数を算出するのです。

そう言われてもちんぷんかんぷんだという人も、線形代数をやったのはずいぶん前だから（あるいはやったこともない）という人も、心配は無用です。この計算を代わりにやってくれるコンピュータ・アルゴリズムがあるからです。覚えておいてほしいのは、この技術によって、細菌群集間の関係を正確に描いた地図が手に入り、類似した集団が系統樹上で近くに来る場合がどんなときかが明らかになるということです。

この情報をもとに、細菌群集と個々の病気とを関連付けることができます。まずもっとも一般的な方法は、横断研究です。病気の人と健康な人をそれぞれ大勢集めて、その細菌を比べるのです。横断研究によって、肥満、[4,5] 1型糖尿病、[6,7,8] 2型糖尿病、[9,10,11,12] 炎症性腸疾患、[13,14,15,16] 過敏性腸疾患、[17] 大腸がん、[18,19,20,21,22] 心臓病、[23,24] 関節リウマチ[25]など、さまざまな疾病とヒトの腸内細菌との関連性がわかりました。横断研究が非常に有用なのは、健康な集団と病気の集団とのあいだに大きな違いが見つかれば、そこには何か精査すべきものがあることがわかるからです。しかし、各細菌が実際にその病気の原因になっているかどうかを確かめるには、さらに別の研究を準備しなければなりません。

横断研究のスタンダードは、予測モデルの作成です。これを使って、（病気あるいは健康な）集団の一部からデータを取ってきて、集団の残りの人がその病気かどうかを予測するのです。この手法は、糖尿病[26,27]、肥満[28]、炎症性腸疾患[29]で成功しています。面白いことに、バイオマーカー（病気に関連する細菌種や遺伝子）の種類は、集団ごとに異なるものがありました。たとえば、2型糖尿病についてスウェーデン人と中国人とで差異が見られます。ここから言えるのは、横断研究からわかった知見をもとにして、個々の細菌と病気を結びつけるのは早合点だということです。病原体は集団ごとに異なる可能性があるからです。

ヒューマンマイクロバイオーム・プロジェクトが横断研究として特殊なのは、病気の人ではなく健康な人を対象にしているところです。この研究から、厳しい検査をくぐり抜けた健康な被験者の実に30%という驚くべき数の人が、危険だと見なされるブドウ球菌などの病原菌を保有していることが明らかになりました。被験者たちは、もともと健康でした。この事実が示すのは、ある特定の条件の下でのみ病気を引き起こす保菌者はたくさんいるということです。再び雑草の例で考えてみましょう。雑草が問題になるのは、生えてほしくないところに生える場合だけです。つまり、「悪さをしている細菌はどれなのか、どうしたらその細菌との接触なしに駆除することができるのか」という問いから、「同じ細菌が無害になったり致命的になったりするのはどうしてなのか」という問いへと、意識を向け変えるほうがよいかもしれないということです。

こうして、ある病気に関わっている可能性のある細菌の最初の手がかりを摑んだら、次には縦断研究に取り組めます。時間をかけて人々を追跡調査する方法です。縦断研究は、その他の人には何も起こらないのに、一部の人の細菌群集には大きな変化をもたらすような、複雑な影響を調べるのに用いられます。今のところ、細菌群集に関する縦断研究は驚くほどわずかです。ですが、ＤＮＡシークエンシングが安くなるにつれて、こうした研究はもっと増えていくだろうと期待しています。

縦断研究のスタンダードは、前向きコホート研究です。この研究に参加する被験者は、まだ健康なうちに、あるいは治療を受ける前に登録されます（その逆は「介入研究」と言います）。そうすることで、病気になる人や治療効果が現われる人について予測を立てられるのです。本書執筆時点では、きちんとした結論が出せるほどの研究はありませんが、ＴＥＤＤＹ（The Environmental Determinants of Type I Diabetes in the Young study：若年層における1型糖尿病の環境要因に関する研究）では、糖尿病が進行するおそれのある数千人の子どもたちからデータが得られつつあります。[30] 前向きコホート研究は、長期間にわたって行なわれれば特に、特定の細菌群集が病気のリスクを高めるのかどうかを調べたり、それがある治療法に効くのかどうかを判定したりするのにとりわけ役立ちます。

他にはメカニズムの研究という手法もあって、たいていはマウスを使って行なわれます（その理由はすぐにわかるはずです）。この研究では、特定の生化学メカニズムを明らかにすることができます。通常はまず、マウスの遺伝子を組み換えることから始まります。次に、何らかの効果があると考えられている化学物質を投与し、細菌を追加したり除去したりします。最後に、その影響を調べます。残念ながら、マウスを安楽死させて、その臓器を調べることがこの手法にはふつう不可欠です。

メカニズム研究の中でもっとも有用なのは、微生物が存在しない、無菌室に隔離されて育てられたマウスを使う実験です。そのマウスに特定の細菌を投与し、変化の有無があるかどうかを見ます。こうしたマウスは「ノトバイオート・マウス」と呼ばれています（ノトバイオートはギリシャ語で「知ること」を意味するgnosisから来ています。どんな細菌群集を持っているか正確に知ることができるからです）。肥満や、多発性硬化症に見られるニューロンの脱髄（神経の末端を守る髄鞘が壊れること）[31,32]、自閉症に似た行動[33]の原因となる細菌を明らかにしてくれます。マウスに起こることが人間にも起こるとはかぎらない、というのは念頭に置かなければいけませんが、マウスを使った研究はやはりきわめて重要な知見をもたらしてくれるのです。

その一方で、細菌群集の病気について耳にすることの多くは、互いに矛盾していたり誇張されていたりして、混乱のもとになりがちです。いったい何を信じたらよいのでしょうか？　細菌が治療の役に立つ可能性を判断するには、特に異なる角度から問題にアプローチしている研究をたくさん調べて、その中から肯定的な実験結果を探し出すことです。そうした研究の結果は、被験者がたくさんいる実験と同じく、より信頼できる可能性が高いからです。一般論として言えば、現在わかっているのは、ある種の細菌と病気とのあいだには何らかの関係があって、その背後にはあるメカニズムが（しばしばマウスを使った実験から）想定できる、ということなのです。はっきりとした因果関係の証拠が摑めているわけではありません。

くわえて、研究の進め方そのものがその結果に重大な影響を与えることもあります。たとえば、炎症性腸疾患を調べるときには、その被験者がどの程度絞り込まれているかが問題です。症性腸疾患の中でも対象にするのはガス過多の患者なのか、腹痛の患者なのか、あるいは特定の食べ物に反応する患者なのか。また、肥満を対象にする場合でも、患者にインスリン抵抗性があるのかどうか、身体のどの部位に脂肪が多いのか、といったことを問わなければなりません。

研究を比較検討するときに考慮すべき他の要因に、サンプルをどのように取り扱っているかという点があります。糞便サンプルからＤＮＡをどう取り出したのか、ゲノムのどの部分を使ったのか、ＤＮＡシークエンシングにはどんな機械を用いたのか、データ分析に使ったコンピュータ・プログラムは何か——そのプログラムをどのように設定したのかということも問題になります。[34・35・36・37]このような複雑な影響を調べるためには、その手法をしっかり標準化する必要があるのです。

ここまで述べてきたことが複雑だと感じられるのなら、それは細菌の世界が複雑だからです。だからこそ、その研究には綿密で細心の注意が必要なのです。

細菌についての大ざっぱな議論や、細菌に関連する病気の単純な対処法を耳にしたときには、細菌の世界は複雑なのだということを思い出してください。大事なのは、そう主張しているのは誰か、その人はどうしてそうわかったのかをはっきりさせることです。火星までどれくらいかかるのかを知らないロケット科学者に、火星に連れて行ってもらえるとは思いませんよね。

謝辞

以下の人々に謝意を表します。私のラボに所属するみなさん、特にダニエル・マクドナルド、ジャスティン・ディベリウス、ジェシカ・メットカーフ、エンブリエット・ハイド、ルーク・アーセル、アムノン・アミール、ウィル・ヴァン・トロイレン、デイナ・ウィルナー。細菌群集に関する共同研究者のみなさん、特にジャイラム・ヴァナマーラ、マーティー・ブレイザー、マリア・グロリア・ドミンゲス＝ベロ、エド・ヨン、ルース・リー、サーキス・マズマニアン、ダン・ナイツ、グレッグ・カポラーソ、ジャック・ギルバート、オーウエン・ホワイト、ピーター・ドレスタイン、ニコラウス・コレル、アジャイ・クシャトリヤ、アンドリア・エドワーズ、ドーン・フィールド。私の両親のアリソン・ナイトとジョン・ナイト、そしてパートナーのアマンダ・

バーミンガムは、本書の全体、特に自分が関わった出来事について、貴重な情報を提供してくれました。また、本書の執筆を忍耐強くサポートしてくれたアマンダと娘のアリスには特別の御礼を。TEDのスピーチ指導をしてくれたマイケル・ヴァイツとアビゲイル・テネンバウムは、私のトークを劇的に改善してくれましたし、専門家でない人の視点から本書に目を通してくれたことは大きな助けになりました。クリス・アンダーソン、ジューン・コーエン、TEDチームのみなさんのおかげで、社会との関わり方を改めて考えることができました。ミシェル・クイント、マイケル・ベハー、グレイス・ルーベンシュタインは、本書の完成に至るまで導いてくれました。800人（アメリカ国立科学財団の利益相反リストによる）にのぼる協力者のみなさん、特に私のラボに所属する学生のジェフリー・I・ゴードン、そしてボルダーのバイオフロンティア研究所の同僚たちからは、インスピレーションをもらい、本書執筆のあいだに他のプロジェクトが遅れるのを寛大にも見逃してもらいました。本書で取り上げた研究には非常に多くの人々が関わっており、その数は増え続けています。また、私のラボの研究は以下の機関の助成を受けています。ハワード・ヒューズ医学研究所、国立衛生研究所（ヒューマンマイクロバイオーム・プロジェクトを含む）、NSF、エネルギー省、国防高等研究計画局、アメリカ航空宇宙局（NASA）、国立司法省研究所、米イスラエル二国間科学財団、W・M・ケック財団、アルフレッド・P・スローン財団、ジョン・テンプルトン財団、ジェーン・アンド・チャーリー・ブッチャー財団、コロラドバイオ燃料・精製センター、アメリカクローン病・大腸炎財団、ビル・アンド・メリンダ・ゲイツ財団、ゴードン・アンド・ベティー・ムーア財団、そして何千人もの市民のみなさんの支援。当然のことながら本書中の誤りや不足はすべて私自身の責任ですが、魅力的な部分の多くはブレンダンの手によるものです。

参考文献

イントロダクション

1　アメリカ微生物学会の近年の報告によれば、両者の差はこれより小さく、3対1ぐらいだという。これは主にヒトの細胞数の見積もりが増えたことによる。どちらにせよ、細菌の細胞数のほうが人間よりもかなり多い。http://academy.asm.org/index.php/faq-series/5122-humanmicrobiomeを参照。

2　プロジェクト・グーテンベルクで入手可能。www.gutenberg.org/files/1228/1228-h/1228-h.htm

3　C. R. Woese and G. E. Fox, "Phylogenetic Structure of the Prokaryotic Domain: The Primary Kingdoms," *Proceed ings of the National Academy of Sciences of the United States of America* 74, no. 11 (November 1, 1977): 5088–90.

第1章　細菌としての肉体

1　N. O. Verhulst et al., "Composition of Human Skin Microbiota Affects Attractiveness to Malaria Mosquitoes," *PloS One* 6, no. 12 (2011): e28991.

2　E. A. Grice et al., "Topographical and Temporal Diversity of the Human Skin Microbiome," *Science* 324, no. 5931 (May 29, 2009): 1190–92; E. K. Costello et al., "Bacterial Community Variation in Human Body Habitats Across Space and Time," *Science* 326, no. 5960 (December 18, 2009): 1694–97.

3　F. R. Blattner et al., "The Complete Genome Sequence of Escherichia *Coli* K-12," *Science* 277, no. 5331 (September 5, 1997): 1453–62.

4　R. H. MacArthur and E. O. Wilson, *The Theory of Island Biogeography* (Princeton, NJ: Princeton University Press, 2001).

5　N. Fierer et al., "Forensic Identification Using Skin Bacterial Communities," *Proceedings of the National Academy of Sciences of the United States of America* 107, no. 14 (April 6, 2010): 6477–81.

6　"*CSI: Miami* Season 9," Wikipedia, http://en.wikipedia.org /wiki/List_of_CSI:_Miami_epi sodes#Season_9:_2010.E2.80.932011.

7　ボディファームに関する、非常に面白くためになる入門書としては、メアリー・ローチ『死体はみんな生きている』(殿村直子訳、NHK出版、2005年)を参照。

8　Meagan B. Gallagher, Sonia Sandhu, and Robert Kimsey, "Variation in Developmen- tal Time for Geographically Distinct Populations of the Common Green Bottle Fly, *Lucilia sericata* (Meigen),"*Journal of Forensic Sciences* 55, no. 2 (March 2010): 438–42.

9　O. S. Von Ehrenstein et al., "Reduced Risk of Hay Fever and Asthma Among Children of Farmers," *Clinical and Experimental Allergy: Journal of the British Society for Allergy and Clinical Immunology* 30, no. 2 (February 2000): 187–93; E. von Mutius and D. Vercelli, "Farm Living: Effects on Childhood Asthma and Allergy," *Nature Reviews Immunology* 10, no. 12 (December 2010): 861–68.

10　E. S. Charlson et al., "Assessing Bacterial Populations in the Lung by Replicate Analysis of Samples from the Upper and Lower Respiratory Tracts," *PloS* One 7, no. 9 (2012): e42786; E. S. Charlson et al., "Topographical Continuity of Bacterial Populations in the Healthy Human Respiratory Tract," *American Journal of Respiratory and Critical Care Medicine* 184, no. 8 (October 15, 2011): 957–63.

11　J. K. Harris et al., "Molecular Identification of Bacteria in Bronchoalveolar Lavage Fluid from

K. Ridaura et al., "Gut Microbiota from Twins Discordant for Obesity Modulate Metabolism in Mice," Science 341, no. 6150 (September 6, 2013): 1241214; M. L. Zupancic et al., "Analysis of the Gut Microbiota in the Old Order Amish and Its Relation to the Metabolic Syndrome," *PloS* One 7, no. 8 (2012): e43052; D. Knights et al., "Human-Associated Microbial Signatures: Examining Their Predictive Value," *Cell Host & Microbe* 10, no. 4 (October 20, 2011): 292–96; E. Le Chatelier et al., "Richness of Human Gut Microbiome Correlates with Metabolic Markers," *Nature* 500, no. 7464 (August 29, 2013): 541–46; A. Cotillard et al., "Dietary Intervention Impact on Gut Microbial Gene Richness," *Nature* 500, no. 7464 (August 29, 2013): 585–88.
23　R. A. Koeth et al., "Intestinal Microbiota Metabolism of L-Carnitine, a Nutrient in Red Meat, Promotes Atherosclerosis," *Nature Medicine* 19, no. 5 (May 2013): 576–85; W. H. Tang et al., "Intestinal Microbial Metabolism of Phosphatidylcholine and Cardiovascular Risk," *New England Journal of Medicine* 368, no. 17 (April 25, 2013): 1575–84.
24　Y. K. Lee et al., "Proinflammatory T-cell Responses to Gut Microbiota Promote Experimental Autoimmune Encephalomyelitis," supplement 1, *Proceedings of the National Academy of Sciences of the United States of America* 108 (March 15, 2011): 4615–22; K. Berer et al., "Commensal Microbiota and Myelin Autoantigen Cooperate to Trigger Autoimmune Demyelination," *Nature* 479 (2011): 538–41.
25　E. Y. Hsiao et al., "Microbiota Modulate Behavioral and Physiological Abnormalities Associated with Neurodevelopmental Disorders," *Cell* 155, no. 7 (December 19, 2013): 1451–63.
26　P. Gajer et al., "Temporal Dynamics of the Human Vaginal Microbiota," *Science Translational Medicine* 4, no. 132 (May 2, 2012): 132ra52; J. Ravel et al., "Daily Temporal Dynamics of Vaginal Microbiota Before, During and After Episodes of Bacterial Vaginosis," *Microbiome* 1, no. 1 (December 2, 2013): 29.

第2章　どのようにして細菌が身体に定着するのか

1　R. Romero et al., "The Composi- tion and Stability of the Vaginal Microbiota of Normal Pregnant Women Is Different from That of Non-Pregnant Women," *Microbiome* 2, no. 1 (Febuary3, 2014): 4.
2　O. Koren et al., "Host Remodeling of the Gut Microbiome and Metabolic Changes During Pregnancy," *Cell* 150, no. 3 (August 3, 2012): 470–80.
3　K. Aagaard et al., "The Placenta Harbors a Unique Microbiome," *Science Translational Medicine* 6, no. 237 (May 21, 2014): 237ra65.
4　Romero et al., "The Composition and Stability of Vaginal Microbiota of Normal Pregnant Women Different from That of Non-Pregnant Women."
5　Michelle K. Osterman and Joyce A. Martin, "Changes in Cesarean Delivery Rates by Gestational Age: United States, 1996–2011," NCHS Data Brief, no. 124, June 2013: 1–8; Luz Gibbons et al., *The Global Numbers and Costs of Additionally Needed and Unnecessary Cesarean Sections Performed per Year: Overuse as a Barrier to Universal Coverage* (Geneva, Switzerland: World Health Organization, 2010).

Children with Cystic Fibrosis," *Proceedings of the National Academy of Sciences of the United States of America* 104, no. 51 (December 18, 2007): 20529–33.

12 E. S. Charlson et al., "Topographical Continuity of Bacterial Populations in the Healthy Human Respiratory Tract," *American Journal of Respiratory and Critical Care Medicine* 184, no. 8 (October 15, 2011): 957–63.

13 A. Morris et al., "Comparison of the Respiratory Microbiome in Healthy Nonsmokers and Smokers," *American Journal of Respiratory and Critical Care Medicine* 187, no. 10 (May 15, 2013): 1067–75.

14 O. E. Cornejo et al., "Evolutionary and Population Genomics of the Cavity Causing Bacteria *Streptococcus Mutans,*" *Molecular Biology and Evolution* 30, no. 4 (April 2013): 881–93.

15 J. Slots, "The Predominant Cultivable Microflora of Advanced Periodontitis," *Scandinavian Journal of Dental Research* 85, no. 2 (January/February 1977): 114–21.

16 M. Castellarin et al., "Fusobacterium Nucleatum Infection Is Prevalent in Human Colorectal Carcinoma," *Genome Research* 22, no. 2 (February 2012): 299–306; M. R. Rubinstein et al., "*Fusobacterium Nucleatum* Promotes Colorectal Carcinogenesis by Modulating E-Cadherin/ Beta-Catenin Signaling via Its FadA Adhesin," *Cell Host & Microbe* 14, no. 2 (August 14, 2013): 195–206; A. D. Kostic et al., "*Fusobacterium Nucleatum* Potentiates Intestinal Tumorigenesis and Modulates the Tumor-Immune Microenvironment," *Cell Host & Microbe* 14 (2013): 207–15; R. L. Warren et al., "Co-occurrence of Anaerobic Bacteria in Colorectal Carcinomas," *Microbiome* 1, no. 1 (May 15, 2013): 16; L. Flanagan et al., "Fusobacterium Nucleatum Associates with Stages of Colorectal Neoplasia Development, Colorectal Cancer and Disease Outcome," *European Journal of Clinical Microbiology & Infectious Diseases: Official Publication of the European Society of Clinical Microbiology* 33 no. 8 (August 2014): 1381–90.

17 D. Falush et al., "Traces of Human Migrations in *Helicobacter Pylori* Populations," *Science* 299, no. 5612 (March 7, 2003): 1582–85.

18 P. B. Eckburg et al., "Diversity of the Human Intestinal Microbial Flora," Science 308, no. 5728 (June 10, 2005): 1635–38.

19 M. Hamady and R. Knight, "Microbial Community Profiling for Human Microbiome Projects: Tools, Techniques, and Challenges," *Genome Research* 19, no. 7 (July 2009): 1141–52.

20 Human Microbiome Project Consortium, "Structure, Function and Diversity of the Healthy Human Microbiome," *Nature* 486, no. 7402 (June 13, 2012): 207–14.

21 Eckburg et al., "Diversity of the Human Intestinal Microbial Flora," 1635–38.

22 R. E. Ley et al., "Microbial Ecology: Human Gut Microbes Associated with Obesity," Nature 444, no. 7122 (December 21, 2006): 1022–23; P. J. Turnbaugh et al., "A Core Gut Microbiome in Obese and Lean Twins," *Nature* 457, no.7228 (January 22, 2009): 480–84; J. Henao-Mejia et al., "Inflammasome-Mediated Dysbiosis Regulates Progression of NAFLD and Obesity," *Nature* 482, no. 7384 (February 1, 2012): 179–85; V.

(October 2013): 982–89; F. A. van Nimwegen et al., "Mode and Place of Delivery, Gastrointestinal Microbiota, and Their Influence on Asthma and Atopy," *Journal of Allergy and Clinical Immunology* 128, no. 5 (November 2011): 948–55 e1–3; P. Bager, J. Wohlfahrt, and T. Westergaard, "Caesarean Delivery and Risk of Atopy and Allergic Disease: Meta-Analyses," *Clinical and Experimental Allergy: Journal of the British Society for Allergy and Clinical Immunology* 38, no. 4 (April 2008): 634–42; K. Negele et al., "Mode of Delivery and Development of Atopic Disease During the First 2 Years of Life," *Pediatric Allergy and Immunology: Official Publication of the European Society of Pediatric Allergy and Immunology* 15, no. 1 (February 2004): 48–54.
11 M. B. Azad et al., "Gut Microbiota of Healthy Canadian Infants: Profiles by Mode of Delivery and Infant Diet at 4 Months," *CMAJ: Canadian Medical Association Journal* 185, no. 5 (March 19, 2013): 385–94.
12 J. E. Koenig et al., "Succession of Microbial Consortia in the Developing Infant Gut Microbiome," supplement 1, *Proceedings of the National Academy of Sciences of the United States of America* 108 (March 15, 2011): 4578–85.
13 G. D. Wu et al., "Linking Long-term Dietary Patterns with Gut Microbial Enterotypes," *Science* 334, no. 6052 (October 7, 2011): 105–8.
14 Ibid.
15 J. Qin et al., "A Human Gut Microbial Gene Catalogue Established by Metagenomic Sequencing," *Nature* 464, no. 7285 (March 4, 2010): 59–65.
16 T. Yatsunenko et al., "Human Gut Microbiome Viewed Across Age and Geography," *Nature* 486, no. 7402 (May 9, 2012): 222–7.
17 J. H. Hehemann et al., "Transfer of Carbohydrate-Active Enzymes from Marine Bacteria to Japanese Gut Microbiota," *Nature* 464, no. 7290 (April 8, 2010): 908–12.
18 P. J. Turnbaugh et al., "A Core Gut Microbiome in Obese and Lean Twins," *Nature* 457, no. 7228 (Jan. 22, 2009): 480–4.
19 J. Genuneit et al., "The Combined Effects of Family Size and Farm Exposure on Childhood Hay Fever and Atopy," *Pediatric Allergy and Immunology: Official Publication of the European Society of Pediatric Allergy and Immunology* 24, no. 3 (May 2013): 293–98.
20 S. J. Song et al., "Cohabiting Family Members Share Microbiota with One Another and with Their Dogs," *eLife* 2 (April 16, 2013): e00458.
21 J. G. Caporaso et al., "Moving Pictures of the Human Microbiome," Genome Biology 12, no. 5 (2011): R50.
22 M. J. Claesson et al., "Gut Microbiota Composition Correlates with Diet and Health in the Elderly," *Nature* 488, no. 7410 (August 9, 2012): 178–84.

第3章　病気であること、健康であること

1 P. J. Turnbaugh et al., "Diet- Induced Obesity Is Linked to Marked but Reversible Alterations in the Mouse Distal Gut Microbiome," *Cell Host & Microbe* 3, no. 4 (April 17, 2008): 213–23.
2 M. Vijay-Kumar et al., "Metabolic Syndrome and Altered Gut Microbiota in Mice Lacking Toll-like Receptor 5," *Science* 328, no. 5975 (April 9, 2010): 228–31.

6 M. G. Dominguez-Bello et al., "Delivery Mode Shapes the Acquisition and Structure of the Initial Microbiota Across Multiple Body Habitats in Newborns," *Proceedings of the National Academy of Sciences of the United States of America* 107, no. 26 (June 29, 2010): 11971–75.
7 G. V. Guibas et al., "*Conception via In Vitro Fertilization and Delivery by Caesarean Section Are Associated with Paediatric Asthma Incidence," Clinical and Experimental Allergy: Journal of the British Society for Allergy and Clinical Immunology* 43, no. 9 (September 2013): 1058–66; L. Braback, A. Lowe, and A. Hjern, "Elective Cesarean Section and Childhood Asthma," *American Journal of Obstetrics and Gynecology* 209, no. 5 (November 2013): 496; C. Roduit et al., "Asthma at 8 Years of Age in Children Born by Caesarean Section," *Thorax* 64, no. 2 (February 2009): 107–13; M. C. Tollanes et al., "Cesarean Section and Risk of Severe Childhood Asthma: A Population-Based Cohort Study," *Journal of Pediatrics* 153, no. 1 (July 2008): 112–16; B. Xu et al., "Caesarean Section and Risk of Asthma and Allergy in Adulthood," *Journal of Allergy and Clinical Immunology* 107, no. 4 (April 2001): 732–33.
8 M. Z. Goldani et al., "Cesarean Section and Increased Body Mass Index in School Children: Two Cohort Studies from Distinct Socioeconomic Background Areas in Brazil," *Nutrition Journal* 12, no. 1 (July 25, 2013): 104; A. A. Mamun et al., "Cesarean Delivery and the Long-term Risk of Offspring Obesity," *Obstetrics and Gynecology* 122, no. 6 (December 2013): 1176–83; D. N. Mesquita et al., "Cesarean Section Is Associated with Increased Peripheral and Central Adiposity in Young Adulthood: Cohort Study," *PloS One* 8, no. 6 (June 27, 2013): e66827; K. Flemming et al., "The Association Between Caesarean Section and Childhood Obesity Revisited: A Cohort Study," *Archives of Disease in Childhood* 98, no. 7 (July 2013): 526–32; E. Svensson et al., "Caesarean Section and Body Mass Index Among Danish Men," Obesity 21, no. 3 (March 2013): 429–33; H. T. Li, Y. B. Zhou, and J. M. Liu, "The Impact of Cesarean Section on Offspring Overweight and Obesity: A Systematic Review and Meta-Analysis," *International Journal of Obesity* 37, no. 7 (July 2013): 893–99; H. A. Goldani et al., "Cesarean Delivery Is Associated with an Increased Risk of Obesity in Adulthood in a Brazilian Birth Cohort Study," *American Journal of Clinical Nutrition* 93, no. 6 (June 2011): 1344–47; L. Zhou et al., "Risk Factors of Obesity in Preschool Children in an Urban Area in China," *European Journal of Pediatrics* 170, no. 11 (November 2011): 1401–6.
9 T. Marrs et al., "Is There an Association Between Microbial Exposure and Food Allergy? A Systematic Review," *Pediatric Allergy and Immunology: Official Publication of the European Society of Pediatric Allergy and Immunology* 24, no. 4 (June 2013): 311–20 e8.
10 J. Penders et al., "Establishment of the Intestinal Microbiota and Its Role for Atopic Dermatitis in Early Childhood," *Journal of Allergy and Clinical Immunology* 132, no. 3 (September 2013): 601–7 e8; K. Pyrhonen et al., "Caesarean Section and Allergic Manifestations: Insufficient Evidence of Association Found in Population-Based Study of Children Aged 1 to 4 Years," *Acta Paediatrica* 102, no. 10

Bacteria Protect Against Food Allergen Sensitization," *Proceedings of the National Academy of Sciences* 111, no. 36 (Sept. 9, 2014): 13145–50.
21 M. Noval Rivas et al., "A Microbiota Signature Associated with Experimental Food Allergy Promotes Allergic Sensitization and Anaphylaxis," *Journal of Allergy and Clinical Immunology* 131, no. 1 (Jan. 2013): 201–12.
22 M. S. Kramer et al., "Promotion of Breastfeeding Intervention Trial (PROBIT): a Cluster- Randomized Trial in the Republic of Belarus. Design, Follow-Up, and Data Validation," *Advances in Experimental Medicine and Biology* 478 (2000): 327–45.
23 H. Kronborg et al., "Effect of Early Postnatal Breastfeeding Support: A Cluster-Randomized Community Based Trial," *Acta Pediatrica* 96, no. 7 (July 2007): 1064–70.
24 I. Hanski et al., "Environmental Biodiversity, Human Microbiota, and Allergy Are Interrelated," *Proceedings of the National Academy of Sciences* 109, no. 21 (May 22, 2012): 8334–9.
25 C. G. Carson, "Risk Factors for Developing Atopic Dermatitis," *Danish Medical Journal* 60, no. 7 (July 2013): B4687.
26 E. von Mutius et al., "The PAS- TURE Project: E.U. Support for the Improvement of Knowl-edge About Risk Factors and Preventive Factors for Atopy in Europe," *Allergy* 61, no. 4 (April 2006): 407–13.
27 S. J. Song et al., "Cohabiting Family Members Share Microbiota with One Another and With Their Dogs," *eLife* 2 (April 16, 2013).
28 B. Brunekreef et al., "Exposure to Cats and Dogs, and Symptoms of Asthma, Rhinoconjunctivitis, and Eczema," *Epidemiology* 23, no. 5 (Sept. 2012): 742–50.
29 I. Trehan et al., "Antibiotics as Part of the Management of Severe Acute Malnutrition," *New England Journal of Medicine* 368, no. 5 (January 31, 2013): 425–35.
30 M. I. Smith et al., "Gut Micro- biomes of Malawian Twin Pairs Discordant for Kwashiorkor," *Science* 339, no. 6119 (February 1, 2013): 548–54.
31 Turnbaugh et al., "A Core Gut Microbiome in Obese and Lean Twins."
32 D. N. Frank et al., "Molecular-Phylogenetic Characterization of Microbial Community Imbalances in Human Inflammatory Bowel Diseases," *Proceedings of the National Academy of Sciences of the United States of America* 104, no. 34 (August 21, 2007): 13780–85; M. Tong et al., "A Modular Organization of the Human Intestinal Mucosal Microbiota and Its Association with Inflammatory Bowel Disease," *PloS* One 8, no. 11 (November 19, 2013): e80702.
33 J. U. Scher et al., "Expansion of Intestinal *Prevotella Copri* Correlates with Enhanced Susceptibility to Arthritis," *eLife* 2 (November 5, 2013): e01202.

第4章　腸脳相関

1 P. Bercik, "The Microbiota-Gut-Brain Axis: Learning from Intestinal Bacteria?," *Gut* 60, no. 3 (March 2011): 288–89.
2 J. F. Cryan and S. M. O'Mahony, "The Microbiome-Gut-Brain Axis: From Bowel to Behavior," *Neurogastroenterology and Motility: The Official Journal of the European Gastrointestinal Motility Society*

3 Ridaura et al., "Gut Microbiota from Twins Discordant for Obesity Modulate Metabolism in Mice.
4 D. Mozaffarian et al., "Changes in Diet and Lifestyle and Long- term Weight Gain in Women and Men," *New England Journal of Medicine* 364, no. 25 (June 23, 2011): 2392–404.
5 L. A. David et al., "Diet Rapidly and Reproducibly Alters the Hu- man Gut Microbiome," *Nature* 505, no. 7484 (January 23, 2014): 559–63.
6 D. P. Strachan, "Hay Fever, Hygiene, and Household Size," *British Medical Journal*, 299, no. 6710 (Nov. 18, 1989): 1259–60.
7 D. P. Strachan, "Is Allergic Disease Programmed in Early Life?," *Clinical & Experimental Allergy*, 24, no. 7 (July 1994): 603–5.
8 J. Riedler et al., "Exposure to Farming in Early Life and Development of Asthma and Allergy: A Cross-Sectional Study," *The Lancet*, 358, no. 9288 (Oct. 6, 2001): 1129–33.
9 S. Illi et al., "Protection from Childhood Asthma and Allergy in Alpine Farm Environments—— the GABRIEL Advanced Studies," Journal of Allergy and Clinical Immunology, 129, no. 6 (June 2012): 1470–7.
10 C. Braun-Fahrländer et al., "Environmental Exposure to Endo- toxin and Its Relation to Asthma in School-Age Children," *New England Journal of Medicine* 347, no. 12 (Sept. 19, 2002): 869–77.
11 J. Douwes et al., "Does Early Indoor Microbial Exposure Reduce the Risk of Asthma? The Prevention and Incidence of Asthma and Mite Allergy Birth Cohort Study," *Journal of Allergy and Clinical Immunology* 117, no. 5 (May 2006): 1067–73.
12 S. Lau et al., "Early Exposure to House-Dust Mite and Cat Allergens and Development of Childhood Asthma: A Cohort Study. Multicenter Allergy Study Group," *The Lancet* 356, no. 9239 (Oct. 21, 2000): 1392–7.
13 M. J. Ege et al., "Exposure to Environmental Microorganisms and Childhood Asthma," *New England Journal of Medicine* 364, no. 8 (Feb. 24, 2011): 701–9.
14 T. R. Abrahamsson el al, "Gut Microbiota and Allergy: The Importance of the Pregnancy Period," *Pediatric Research* (Oct. 13, 2014): epub ahead of print.
15 E. Y. Hsiao et al., "Microbiota Modulate Behavioral and Physiological Abnormalities Associated With Neurodevelopmental Disorders," *Cell* 155, no. 7 (Dec. 19, 2013): 1451–63.
16 N. Elazab et al., "Probiotic Administration in Early Life, Atopy, and Asthma: A Meta-Analysis of Clinical Trials," *Pediatrics* 132, no. 3 (Sept. 2013): 666–76.
17 A. A. Niccoli et al., "Preliminary Results on Clinical Effects of Probiotic Lactobacillus Salivarius LS01 in Children Affected by Atopic Dermatitis," *Journal of Clinical Gastroenterology* 48, supplement 1 (Nov–Dec 2014): S34–6.
18 M. C. Arrieta and B. Finlay, "The Intestinal Microbiota and Allergic Asthma," *Journal of Infection* 4453, no. 14 (Sept. 25, 2014): 227–8.
19 A. Du Toit, "Microbiome: Clostridia Spp. Combat Food Allergy in Mice," *National Review of Microbiology* 12, no. 10 (Sept. 16, 2014): 657.
20 A. T. Stefka et al., "Commensal

18　M. Messaoudi et al., "Beneficial Psychological Effects of a Probiotic Formulation (Lactobacillus Helveticus R0052 and Bifidobacterium Longum R0175) in Healthy Human Volunteers," *Gut Microbes* 2, no. 4 (July/ August 2011): 256–61.

サイドバー　細菌研究の歴史

1　Medical Council, General Board of Health, *Report of the Committee for Scientific Inquiries in Relation to the Cholera-Epidemic* of 1854 (London, England, 1855).

第5章　細菌群集をハックする

1　C. A. Lozupone et al., "Diversity, Stability and Resilience of the Human Gut Microbiota," Nature 489, no. 7415 (September 13, 2012): 220–30.
2　S. H. Duncan et al., "Contri- bution of Acetate to Butyrate Formation by Human Faecal Bacteria," *British Journal of Nutrition* 91 (2004): 915–23.
3　World Gastroenterology Organ-isation, *World Gastroenterology Organisation Practice Guideline: Probiotics and Prebiotics* (May 2008). www.worldgastroenterology.org/assets/downloads/en/pdf/guidelines/19_probiotics_prebiotics.pdf.
4　H. Steed et al., "Clinical Trial: The Microbiological and Immunological Effects of Synbiotic Consumption—— A Randomized Double-Blind Placebo-Controlled Study in Active Crohn's Disease," *Alimentary Pharmacology & Therapeutics* 32, no. 7 (October 2010): 872–83.
5　D. Linetzky Waitzberg, "Microbiota Benefits After Inulin and Partially Hydrolized Guar Gum Supplementation: A Randomized Clinical Trial in Constipated Women," *Nutricion Hospitalaria* 27, no. 1 (January/ February 2012): 123–29.
6　Z. Asemi et al., "Effects of Synbiotic Food Consumption on Metabolic Status of Diabetic Patients: A Double-Blind Randomized Cross-over Controlled Clinical Trial," *Clinical Nutrition* 33, no. 2 (April 2014): 198–203.
7　臨床試験の結果を読む際の感じをつかんでもらうために簡単に紹介しておくと、ある二重盲検・クロスオーバー・プラセボ比較試験では、イソマルト(2種類のポリオール、1-O-α-D-グルコピラノシル-D-マンニトールと6-O-α-D-グルコピラノシル-D-ソルビトールの混合物)というプレバイオティクスを1日に30グラム、4週間摂取してもらった結果、スクロースを摂取した場合と比べ、ビフィズス菌の比率が65%増加、ビフィズス菌の絶対数は47%増加した。A. Gostner, "Effect of Isomalt Consumption on Faecal Microflora and Colonic Metabolism in Healthy Volunteers," *British Journal of Nutrition* 95, no. 1 (January 2006): 40–50. つまり、このプレバイオティクスは善玉菌とされることの多い細菌の数を増やしたわけだが、それが腸に及ぼす影響については調査されていない、ということである。別の研究では、12人の被験者に毎日10グラムのイヌリンを16日間摂取してもらい、サプリメントを摂取しない対照期間と比較したところ、*Bifidobacterium adolescentis*(ビフィズス菌の一種)が常在細菌叢の0.89%から3.9%に増加したと報告されている。
C. Ramirez-Farias et al., "Effect of Inulin on the Human Gut Microbiota: Stimulation of *Bifidobacterium Adolescentis* and *Faecalibacterium Prausnitzii," British Journal of Nutrition* 101, no. 4 (February 2009): 541–50.
8　J. A. Applegate et al., "Systematic

23, no. 3 (March 2011): 187–92.
3 A. Naseribafrouei et al., "Correlation Between the Human Fecal Microbiota and Depression," *Neurogastroenterology and Motility: The Official Journal of the European Gastrointestinal Motility Society* 26, no. 8 (August 2014): 1155–62.
4 G. A. Rook, C. L. Raison, and C. A. Lowry, "Microbiota, Immunoregulatory Old Friends and Psychiatric Disorders," *Advances in Experimental Medicine and Biology* 817 (2014): 319–56.
5 D. W. Kang et al., "Reduced Incidence of *Prevotella* and Other Fermenters in Intestinal Micro- flora of Autistic Children," *PLoS* One 8, no. 7 (2013): e68322.
6 Hsiao et al., "Microbiota Modulate Behavioral and Physiological Abnormalities Associated with Neurodevelopmental Disorders."
7 Vijay-Kumar et al., "Metabolic Syndrome and Altered Gut Microbiota in Mice Lacking Toll-like Receptor 5."
8 P. Bercik et al., "The Intestinal Microbiota Affect Central Levels of Brain-Derived Neurotropic Factor and Behavior in Mice," *Gastroenterology* 141, no. 2 (August 2011): 599–609, 609 e1-3.
9 R. Diaz Heijtz et al., "Normal Gut Microbiota Modulates Brain Development and Behavior," *Proceedings of the National Academy of Sciences of the United States of America* 108, no. 7 (February 15, 2011): 3047–52.
10 C. L. Ohland et al., "Effects of *Lactobacillus Helveticus* on Murine Behavior Are Dependent on Diet and Genotype and Correlate with Alterations in the Gut Microbiome," *Psychoneuroendocrinology* 38 (2013): 1738–47.
11 A. R. Mackos et al., "Probiotic *Lactobacillus Reuteri* Attenuates the Stressor-Enhanced Sensitivity of Citrobacter Rodentium Infection," *Infection and Immunity* 81, no. 9 (September 2013): 3253–63.
12 P. A. Kantak, D. N. Bobrow, and J. G. Nyby, "Obsessive-Compulsive-like Behaviors in House Mice Are Attenuated by a Probiotic (Lactobacillus Rhamnosus GG)," *Behavioural Pharmacology* 25, no. 1 (February 2014): 71–79.
13 Hsiao et al., "Microbiota Modulate Behavioral and Physiological Abnormalities Associated with Neurodevelopmental Disorders."
14 S. Guandalini et al., "VSL#3 Improves Symptoms in Children with Irritable Bowel Syndrome: A Multicenter, Randomized, Placebo-Controlled, Double- Blind, Crossover Study," *Journal of Pediatric Gastroenterology and Nutrition* 51, no. 1 (July 2010): 24–30.
15 M. Dapoigny et al., "Efficacy and Safety Profile of LCR35 Complete Freeze-Dried Culture in Irritable Bowel Syndrome: A Randomized, Double-Blind Study," *World Journal of Gastroenterology* 18, no. 17 (May 7, 2012): 2067–75.
16 E. Smecuol et al., "Exploratory, Randomized, Double-Blind, Placebo-Controlled Study on the Effects of *Bifidobacterium Infantis* Natren Life Start Strain Super Strain in Active Celiac Disease," *Journal of Clinical Gastroenterology* 47, no. 2 (February 2013): 139–47.
17 M. Frémont et al., "High-Throughput 16S rRNA Gene Sequencing Reveals Alterations of Intestinal Microbiota in Myalgic Encephalomyelitis/Chronic Fatigue Syndrome Patients," *Anaerobe* 22 (August 2013): 50–56.

22 C. A. Lowry et al., "Identification of an Immune-Responsive Mesolimbocortical Serotonergic System: Potential Role in Regulation of Emotional Behavior," *Neuroscience* 146, no. 2 (May 11, 2007): 756–72.
23 G. A. Rook, C. L. Raison, and C. A. Lowry, "Can We Vaccinate Against Depression?," *Drug Discovery Today* 17, nos. 9–10 (May 2012): 451–58.

第6章 抗生物質

1 "Conjunctivitis (Pink Eye) in Newborns," Centers for Disease Control and Prevention, accessed October 11, 2014, www.cdc.gov/conjunctivitis/newborns.html.
2 J. F. Burns, "British Medical Council Bars Doctors Who Linked Vaccine with Autism," *New York Times*, May 24, 2010.
3 "Possible Side Effects from Vaccines," Centers for Disease Control and Prevention, accessed October 11, 2014, www.cdc.gov/vaccines/vac-gen/side-effects.htm.
4 New York Times editorial board, "The Rise of Antibiotic Resistance," *New York Times,* May 10, 2014.
5 M. J. Blaser, *Missing Microbes: How the Overuse of Antibiotics Is Fueling Our Modern Plagues* (New York: Henry Holt, 2014).
6 "Battle of the Bugs: Fighting Antibiotic Resistance," US Food and Drug Administration, last modified August 17, 2011, www .fda.gov/Drugs/ResourcesForYou /Consumers/ucm143568.htm.
7 G. D. Wright, "Mechanisms of Resistance to Antibiotics," *Current Opinion in Chemical Biology* 7, no. 5 (October 2003): 563–69.
8 V. J. Paul et al., "Antibiotics in Microbial Ecology: Isolation and Structure Assignment of Several New Antibacterial Compounds from the Insect-Symbiotic Bacteria *Xenorhabdus* Spp," *Journal of Chemical Ecology* 7, no. 3 (May 1981): 589–97.
9 "Use of Antimicrobials Outside Human Medicine and Resultant Antimicrobial Resistance in Humans," World Health Organization, accessed October 12, 2014, http://web.archive.org/web/20040513120635/ http://www.who.int/mediacentre/fact sheets/fs268/en/index.html.
10 R. M. Lowe et al., "*Escherichia Coli* O157:H7 Strain Origin, Lineage, and Shiga Toxin 2 Expression Affect Colonization of Cattle," *Applied Environmental Microbiology* 75, no. 15 (August 2009): 5074–81.
11 I. Cho et al., "Antibiotics in Early Life Alter the Murine Colonic Microbiome and Adiposity," *Nature* 488, no. 7413 (August 30, 2012): 621–26.
12 Blaser, *Missing Microbes*.
13 L. Trasande et al., "Infant Anti- biotic Exposures and Early-Life Body Mass," *International Journal of Obesity* 37, no. 1 (January 2013): 16–23.
14 S. Foliaki et al., "Antibiotic Use in Infancy and Symptoms of Asthma, Rhinoconjunctivitis, and Eczema in Children 6 and 7 Years Old: International Study of Asthma and Allergies in Childhood Phase III," *Journal of Allergy and Clinical Immunology* 124, no. 5 (November 2009): 982–89.
15 A. T. Stefka et al., "Commensal Bacteria Protect Against Food Allergen Sensitization," *Proceedings of the National*

Review of Probiotics for the Treatment of Community-Acquired Acute Diarrhea in Children," supplement 3, *BMC Public Health* 13 (2013): S16.
9 A. P. Hungin et al., "Systematic Review: Probiotics in the Management of Lower Gastrointestinal Symptoms in Clinical Practice——An Evidence-Based International Guide," *Alimentary Pharmacology & Therapeutics* 38, no. 8 (October 2013): 864–86.
10 N. P. McNulty et al., "The Impact of a Consortium of Fermented Milk Strains on the Gut Microbiome of Gnotobiotic Mice and Monozygotic Twins," *Science Translational Medicine* 3, no. 106 (October 26, 2011): 106ra106.
11 H. J. Kim et al., "A Randomized Controlled Trial of a Probiotic Combination VSL# 3 and Placebo in Irritable Bowel Syndrome with Bloating," *Neurogastroenterology and Motility: The Official Journal of the European Gastrointestinal Motility Society* 17, no. 5 (October 2005): 687–96.
12 D. J. Merenstein, J. Foster, and F. D'Amico, "A Randomized Clinical Trial Measuring the Influence of Kefir on Antibiotic- Associated Diarrhea: Measuring the Influence of Kefir (MILK) Study," *Archives of Pediatrics & Adolescent Medicine* 163, no. 8 (August 2009): 750–54; R. S. Beniwal, "A Randomized Trial of Yogurt for Prevention of Antibiotic-Associated Diarrhea," *Digestive Diseases and Sciences* 48, no. 10 (October 2003): 2077–82.
13 "*Clostridium Difficile* Fact Sheet," Centers for Disease Control and Prevention, accessed September 2014, www.cdc.gov/hai/eip/pdf/Cdiff-factsheet.pdf.
14 I. Youngster, "Fecal Microbiota Transplant for Relapsing *Clostridium Difficile* Infection Using a Frozen Inoculum from Unrelated Donors: A Randomized, Open-Label, Controlled Pilot Study," *Clinical Infectious Diseases: An Official Publication of the Infectious Diseases Society of America* 58, no. 11 (June 1, 2014): 1515–22; Z. Kassam et al., "Fecal Microbiota Transplantation for Clostridium Difficile Infection: Systematic Review and Meta-Analysis," *American Journal of Gastroenterology* 108, no. 4 (April 2013): 500–508.
15 "How Well Do Vaccines Work?," Vaccines.gov, US Department of Health and Human Services, accessed October 11, 2014, www .vaccines.gov/basics/effectiveness.
16 "Vaccines・Disease," Immunization Healthcare Branch, accessed October 11, 2014, www .vaccines.mil/Vaccines.
17 Y. Li et al., "On the Origin of Smallpox: Correlating Variola Phylogenics with Historical Smallpox Records," *Proceedings of the National Academy of Sciences of the United States of America* 104, no. 40 (October 2, 2007): 15787–92.
18 Rob Stein, "Should Last Remaining Known Smallpox Virus Die?," *Washington Post,* March 8, 2011.
19 Z. Wang et al., "Gut Flora Metabolism of Phosphatidylcholine Promotes Cardiovascular Disease," *Nature* 472, no. 7341 (April 7, 2011): 57–63.
20 A. D. Kostic et al., "Genomic Analysis Identifies Association of Fusobacterium with Colorectal Carcinoma," *Genome Research* 22, no. 2 (February 2012): 292–98.
21 Ley, "Microbial Ecology."

18 Castellarin et al., "*Fusobacterium Nucleatum* Infection Is Prevalent in Human Colorectal Carcinoma."
19 Rubinstein et al., "*Fusobacterium Nucleatum* Promotes Colorectal Carcinogenesis by Modulating E-Cadherin/Beta-Catenin Signaling via Its FadA Adhesin."
20 Kostic et al., "*Fusobacterium Nucleatum* Potentiates Intestinal Tumorigenesis and Modulates Tumor-Immune Microenvironment."
21 Warren et al., "Co-occurrence of Anaerobic Bacteria in Colorectal Carcinomas."
22 Flanagan et al., "*Fusobacterium Nucleatum* Associates with Stages of Colorectal Neoplasia Development, Colorectal Cancer and Disease Outcome," 1381–90.
23 Koeth et al., "Intestinal Micro- biota Metabolism of L-Carnitine."
24 Tang et al., "Intestinal Microbial Metabolism of Phosphatidylcholine and Cardiovascular Risk."
25 Scher et al., "Expansion of Intestinal *Prevotella Copri* Correlates with Enhanced Susceptibility to Arthritis."
26 F. H. Karlsson et al., "Gut Meta-genome in European Women With Normal, Impaired and Diabetic Glucose Control," *Nature* 498, no. 7452 (June 6, 2013): 99–103.
27 J. Qin et al., "A Metagenome-Wide Association Study of Gut Microbiota in Type 2 Diabetes," *Nature* 490, no. 7418 (Oct. 4, 2012): 55–60.
28 D. Knights et al., "Human-Associated Microbial Signatures: Examining Their Predictive Value," *Cell Host & Microbe* 10, no. 4 (Oct. 20, 2011): 292–6.
29 D. Gevers et al., "The Treatment-Naive Microbiome in New-Onset Crohn's Disease," *Cell Host & Microbe* 15, no. 3 (March 12, 2014): 382–92.
30 H. S. Lee et al., "Biomarker Discovery Study Design for Type 1 Diabetes in the Environmental Determinants of Diabetes in the Young (TEDDY) Study," *Diabetes/Metabolism Research and Reviews* 30, no. 5 (July 2014): 424–34.
31 Lee et al., "Proinflammatory T-cell Responses to Gut Microbiota Promote Experimental Auto- immune Encephalomyelitis."
32 Berer et al., "Commensal Microbiota and Myelin Auto- antigen Cooperate to Trigger Autoimmune Demyelination."
33 Hsiao et al., "Microbiota Modulate Behavioral and Physiological Abnormalities Associated with Neurodevelopmental Disorders."
34 C. A. Lozupone et al., "Meta-analyses of Studies of the Human Microbiota," *Genome Research* 23, no. 10 (October 2013): 1704–14.
35 Hamady and Knight, "Microbial Community Profiling for Human Microbiome Projects."
36 Z. Liu et al., "Accurate Taxonomy Assignments from 16S rRNA Sequences Produced by Highly Parallel Pyrosequencers," *Nucleic Acids Research* 36, no. 18 (October 2008): e120.
37 Z. Liu et al., "Short Pyrosequencing Reads Suffice for Accurate Microbial Community Analysis," *Nucleic Acids Research* 35, no. 18 (September 2007): e120.

Academy of Sciences of the United States of America 111, no. 36 (September 9, 2014): 13145–50.

付録　アメリカン・ガット

1　American Gutおよび www.americangut.orgを参照。

サイドバー
細菌群集マッピングの科学と芸術

1　E. S. Lander et al., "Initial Sequencing and Analysis of the Human Genome," *Nature* 409, no. 6822 (February 15, 2001): 860–921.
2　Human Microbiome Project Consortium, "Structure, Func- tion and Diversity."
3　C. Lozupone and R. Knight, "UniFrac: A New Phylogenetic Method for Comparing Microbial Communities," *Applied and Environmental Microbiology* 71, no. 12 (December 2005): 8228–35.
4　Turnbaugh et al., "A Core Gut Microbiome in Obese and Lean Twins," Nature 457, no. 7228 (January 22, 2009): 480–84.
5　Le Chatelier et al., Richness of Human Gut Microbiome Correlates with Metabolic Markers."
6　J. L. Dunne, "The Intestinal Microbiome in Type 1 Diabetes," *Clinical and Experimental Immunology* 177, no. 1 (July 2014): 30–37.
7　E. Soyucen et al., "Differences in the Gut Microbiota of Healthy Children and Those with Type 1 Diabetes," *Pediatrics International: Official Journal of the Japan Pediatric Society* 56, no. 3 (June 2014): 336-43.
8　M. E. Mejia-Leon et al., "Fecal Microbiota Imbalance in Mexican Children with Type 1 Diabetes," *Scientific Reports* 4 (2014): 3814.
9　N. Larsen et al. "Gut Micro- biota in Human Adults with Type 2 Diabetes Differs from Non-Diabetic Adults," *PloS* One 5, no. 2 (2010): e9085.
10　F. H. Karlsson et al., "Gut Meta- genome in European Women with Normal, Impaired and Diabetic Glucose Control," *Nature* 498, no. 7452 (June 6, 2013): 99–103.
11　J. Sato et al., "Gut Dysbiosis and Detection of 'Live Gut Bacteria' in Blood of Japanese Patients with Type 2 Diabetes," *Diabetes Care* 37, no. 8 (August 2014): 2343–50.
12　J. Qin et al., "A Metagenome-wide Association Study of Gut Microbiota in Type 2 Diabetes," *Nature* 490, no. 7418 (October 4, 2012): 55–60.
13　Frank et al., "Molecular-Phylogenetic Characterization of Microbial Community Imbalances."
14　Tong et al., "A Modular Organization of Human Intestinal Mucosal Microbiota and Its Association with Inflammatory Bowel Disease."
15　E. Li et al., "Inflammatory Bowel Diseases Phenotype, C. Difficile and NOD2 Genotype Are Associated with Shifts in Human Ileum Associated Microbial Composition," *PloS One* 7, no. 6 (2012): e26284.
16　D. Gevers et al., "The Treatment-Naive Microbiome in New-Onset Crohn's Disease," *Cell Host & Microbe* 15, no. 3 (March 12, 2014): 382–92.
17　C. Manichanh et al., "Anal Gas Evacuation and Colonic Micro- biota in Patients with Flatulence: Effect of Diet," *Gut* 63, no. 3 (March 13, 2014): 401–8.

著者紹介

ロブ・ナイト(Rob Knight)は、カリフォルニア大学サンディエゴ校教授(小児科学・コンピュータ科学・工学)、同大マイクロバイオーム・イニシアティブ所長。「アメリカン・ガット(アメリカ人の腸)」プロジェクト、アースマイクロバイオーム・プロジェクトの創設者の1人。

ブレンダン・ビューラー(Brendan Buhler)は、科学ライター。受賞歴あり。『ロサンゼルス・タイムズ』『California』『Sierra Magazine』などに寄稿。ロブ・ナイトの研究を紹介する文章が『The Best American Science and Nature Writing』2012年版に選ばれた。

著者のTEDトーク

PHOTO：JAMES DUNCAN DAVIDSON / TED

本書『細菌が人をつくる』への導入となっているロブ・ナイトの講演(16分間)は、TEDのウェブサイト「TED.com」にて無料で見ることができます。

www.TED.com

(日本語字幕あり)

本書に関連するTEDトーク

ジェシカ・グリーン「私たちを取り巻く細菌と住環境のデザイン」

私たちの体や家は微生物だらけ。良い細菌も悪い細菌もいます。人間と生活空間を共有する細菌や微生物たちのことがだんだんわかってきている今、TEDフェローのジェシカ・グリーンはこんなふうに問いかけます —— 幸福で健康的な微生物環境の後押しをする建物は設計可能でしょうか?

ボニー・バスラー「細菌はどうやってコミュニケーションするのか」

ボニー・バスラーは、細菌が化学物質の言葉を用いて「おしゃべり」し、防御反応や攻撃行動を調整し合っていることを発見しました。この発見は、医療や産業、そして人間理解にも、驚くべき影響を及ぼします。

エド・ヨン「自殺するコオロギ、ゾンビ化するゴキブリ、その他の寄生生物にまつわる話」

私たち人間は自身の自由意志や独立を非常に重要視していますが、その陰に潜む影響力の存在は見落としているかもしれません。寄生虫は驚くほど巧みに他の生物を操る技術を発達させています。もしかすると私たちの行動も影響を受けているのかも?　十中八九そうでしょう。

ジョナサン・アイゼン「微生物にこんにちは」

私たちの体は無数の微生物に覆われています。その中には、病気の原因となる病原菌と、「良い」微生物がいます。「良い」微生物に関してはあまり知られていませんが、私たちの健康を維持してくれているのかもしれません。TEDMEDで微生物学者のジョナサン・アイゼンが語るのは、この良い微生物について今わかっていること、たとえばそれを活かす驚くべき方法です。

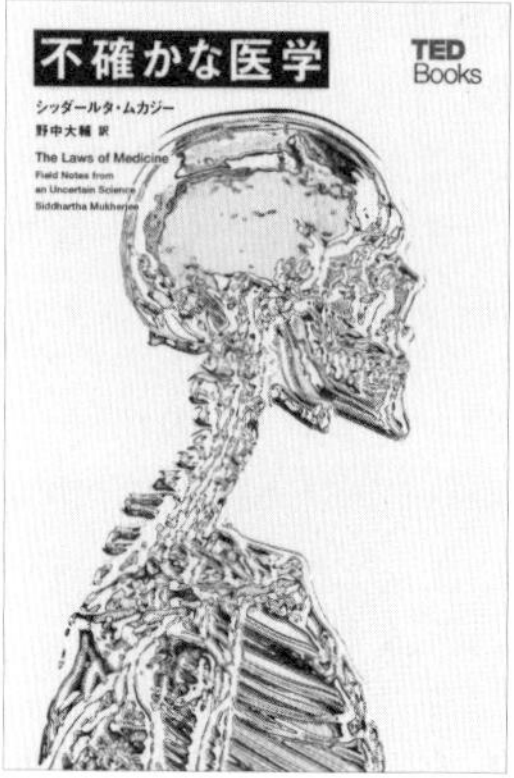

不確かな医学

シッダールタ・ムカジー

野中大輔 訳　本体1350円+税

普遍的な「医学の法則」は存在するだろうか? 事前の推論がなければ検査結果を評価できない。特異な事例からこそ治療が前進する。どんな医療にも必ず人間のバイアスは忍び込む。問題は、いかに「不確かなもの」を確かにコントロールしつつ判断するか。ピュリツァー賞も受賞した医師が、具体的症例をもとに、どんな学問にも必要な情報との向き合い方を発見する。

火星で生きる

スティーブン・ペトラネック

石塚政行 訳　本体1650円+税

いまや問題は火星に「行く」ことから、そこでどう「暮らす」かへと移った。イーロン・マスクらが宇宙開発競争を激しく展開するなか、新型ロケットやテラフォーミング技術など移住に向けた準備は着々と進んでいる。科学誌編集長を歴任したジャーナリストが、宇宙開発史から環境的・経済的な実現可能性まで、「最後のフロンティア」火星の先にある人類の未来を活写する。

シリーズ案内

恋愛を数学する

ハンナ・フライ

森本元太郎 訳　本体1300円+税

あらゆる自然現象と同じく、人間の恋愛もパターンに満ち溢れている。ならば、数学の出番。恋人の見つけ方から、オンラインデートの戦略、結婚の決めどき、離婚を避ける技術まで、人類史上もっともミステリアスな対象=LOVEに、統計学やゲーム理論といった数理モデルを武器にして挑む。アウトリーチ活動に励む数学者が、「数学と恋愛する」楽しさをも伝える。

煮えたぎる川

アンドレス・ルーソ

シャノン・N・スミス 訳　本体1750円+税

「ペルーのジャングルの奥深くに、沸騰しながら流れる大きな川がある」。祖父から不思議な話を聞いた少年はその後、地質学者となって伝説の真偽を探求する旅に出る。黄金の都市「パイティティ」は実在するのか？ 科学と神話が衝突し、融合する。すべてが「既知」になりつつある現代に「未知」への好奇心を呼び覚ましてくれる、スリリングな探検と発見の物語。

TEDブックスについて

TEDブックスは、大きなアイデアについての小さな本です。一気に読める短さでありながら、ひとつのテーマを深く掘り下げるには充分な長さです。本シリーズが扱う分野は幅広く、建築からビジネス、宇宙旅行、そして恋愛にいたるまで、あらゆる領域を網羅しています。好奇心と学究心のある人にはぴったりのシリーズです。

TEDブックスの各巻は関連するTEDトークとセットになっていて、トークはTEDのウェブサイト「TED.com」にて視聴できます。トークの終点が本の起点になっています。わずか18分のスピーチでも種を植えたり想像力に火をつけたりすることはできますが、ほとんどのトークは、もっと深く潜り、もっと詳しく知り、もっと長いストーリーを語りたいと思わせるようになっています。こうした欲求を満たすのが、TEDブックスなのです。

TEDについて

TEDはアイデアを広めることに全力を尽くすNPOです。力強く短いトーク(最長でも18分)を中心に、書籍やアニメ、ラジオ番組、イベントなどを通じて活動しています。TEDは1984年に、Technology(技術)、Entertainment(娯楽)、Design(デザイン)といった各分野が融合するカンファレンスとして発足し、現在は100以上の言語で、科学からビジネス、国際問題まで、ほとんどすべてのテーマを扱っています。

TEDは地球規模のコミュニティです。あらゆる専門分野や文化から、世界をより深く理解したいと願う人々を歓迎します。アイデアには人の姿勢や人生、そして究極的には未来をも変える力がある。わたしたちは情熱をもってそう信じています。TED.comでは、想像力を刺激する世界中の思想家たちの知見に自由にアクセスできる情報交換の場と、好奇心を持った人々がアイデアに触れ、互いに交流する共同体を築こうとしています。1年に1度開催されるメインのカンファレンスでは、あらゆる分野からオピニオンリーダーが集まりアイデアを交換します。TEDxプログラムを通じて、世界中のコミュニティが1年中いつでも地域ごとのイベントを自主的に企画運営・開催することが可能です。さらに、オープン・トランスレーション・プロジェクトによって、こうしたアイデアが国境を越えてゆく環境を確保しています。

実際、TEDラジオ・アワーから、TEDプライズの授与を通じて支援するプロジェクト、TEDxのイベント群、TED-Edのレッスンにいたるまで、わたしたちの活動はすべてひとつの目的意識、つまり、「素晴らしいアイデアを広めるための最善の方法とは?」という問いを原動力にしています。

TEDは非営利・無党派の財団が所有する団体です。

訳者紹介

山田拓司（やまだ・たくじ）は1977年生まれ。東京工業大学生命理工学院准教授、生命情報学者。2006年京都大学理学研究科にて博士号取得。京都大学化学研究所助手、ドイツの欧州分子生物学研究所研究員を歴任。2016年より東京工業大学生命理工学院准教授。専門はコンピュータを用いて遺伝子情報などの生命科学ビックデータを解析するバイオインフォマティクス。近年はヒト腸内環境ビッグデータを用いて、ヒトと腸内細菌との関わりを明らかにする研究を行なっている。2014年よりヒト腸内細菌解析のための産学連携コンソーシアム「Japanese Consortium for Human Microbiome」を設立し、大学内の研究成果を産業応用につなげる活動を行なっている。2015年には株式会社メタジェンを共同設立、同社取締役副社長CTOを兼任。

東京工業大学山田研究室
池田大輝、伊藤宏、大和田周甫、岡島陸、片瀬諒、木野裕太、久保大、
小山奈緒子、城間博紹、鈴木真也、中村祐哉、永石翔、西井明梨、
増田圭吾、間中健介、山手雄太、渡邊日佳流、渡来直生

TEDブックス

細菌が人をつくる

2018年5月30日　初版第1刷発行

著者：ロブ・ナイト+ブレンダン・ビューラー
訳者：山田拓司+東京工業大学山田研究室

本文イラスト：Olivia de Salve Villedieu
ブックデザイン：大西隆介+椙元勇季（direction Q）
DTP制作：濱井信作（compose）
編集：綾女欣伸（朝日出版社第五編集部）
編集協力：平野麻美+仁科えい（朝日出版社第五編集部）

発行者：原 雅久
発行所：株式会社 朝日出版社
〒101-0065 東京都千代田区西神田3-3-5
tel. 03-3263-3321　fax. 03-5226-9599
http://www.asahipress.com/

印刷・製本：図書印刷株式会社

ISBN 978-4-255-01057-1 C0095